I0150216

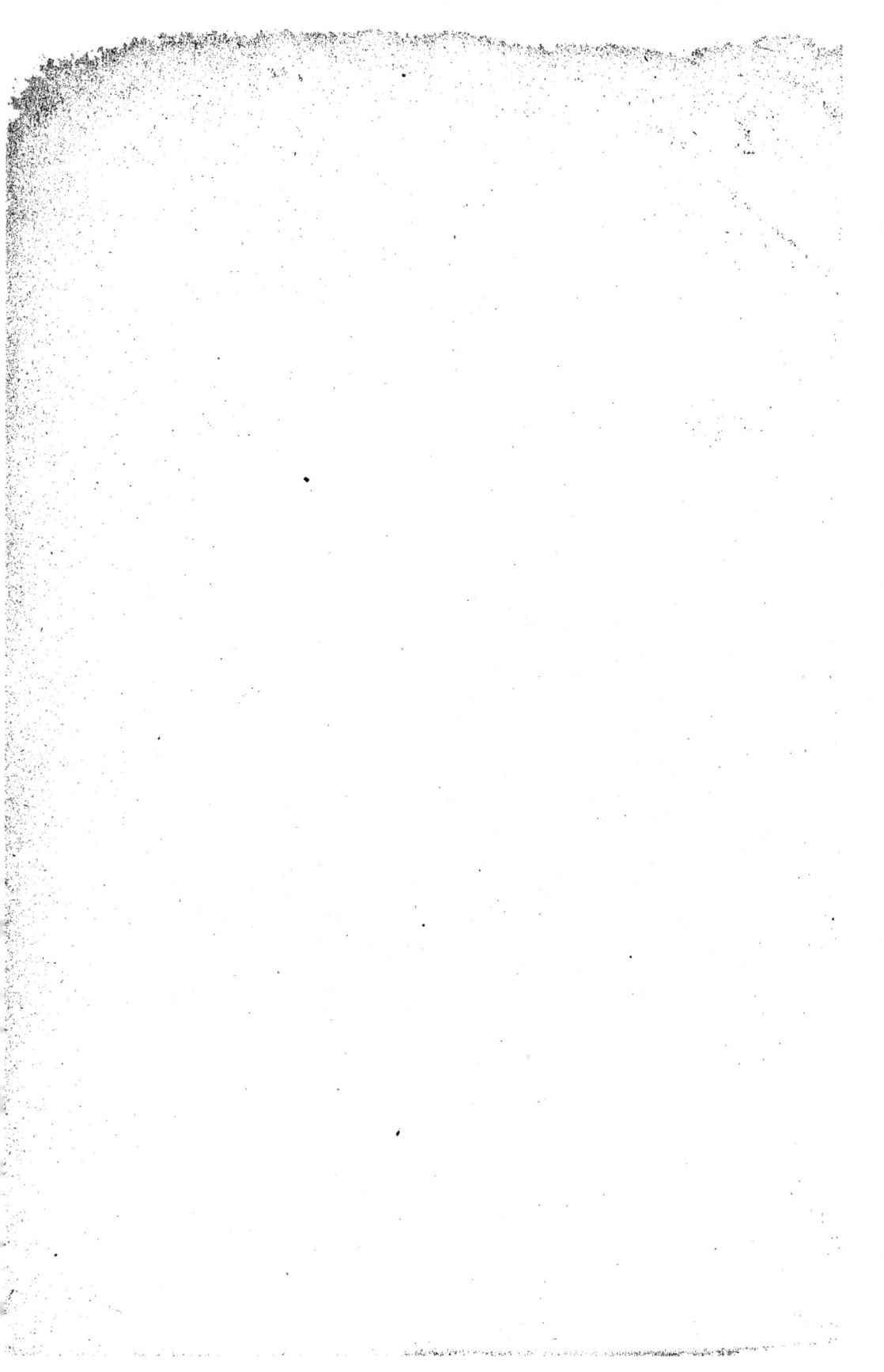

BIBLIOTHÈQUE DES ROMANS

ROMANS, CONTES, NOUVELLES ET VOYAGES

50 CENTIMES

60 CENTIMES
pour la province

L'IRRÉSISTIBLE

PAR

XAVIER DE MONTEPIN

LÉCRIVAIN ET TOUBON, LIBRAIRES

5, RUE DU PONT-DE-LODI, 5

PARIS — 1860

Y²

D. CPPIN

L'IRRÉSISTIBLE

PAR

XAVIER DE MONTÉPIN

INTRODUCTION

L'EX-VOTO

I

LE VOYAGEUR.

Par l'un des beaux soirs de l'automne de 1847, un cavalier suivait lentement les sinuosités montueuses d'un étroit chemin de traverse, dans cette partie si pittoresque de la vieille Franche-Comté, qui touche aux montagnes du Jura.

Ce cavalier était un jeune homme de vingt-six ou vingt-huit ans environ, grand et mince, à la figure expressive et distinguée encadrée dans un collier de barbe brune et accentuée par de petites moustaches noires et par une royale de la même couleur.

Son cheval, admirable bête pleine d'énergie et de vigueur, appartenait à cette fine race des chevaux limousins, race si précieuse et qui disparaît cependant chaque jour.

L'œil doux et intelligent du noble animal, la légèreté de son encolure, la *sveltesse* de ses formes, la souplesse de son ondoyante et soyeuse crinière, enfin ses larges jarrets et ses jambes, nerveuses quoique grêles, dénotaient, comme autant de caractères irrécusables, la pureté de sang du cheval barbe, son père.

Nous avons dit que le cavalier cheminait lentement. — Il abandonnait la bride sur le cou de sa monture, qui hâtait ou ralentissait le pas, suivant son caprice, et il se laissait absorber tout entier par le magnifique spectacle qui se développait autour de lui.

La route, en cet endroit, tournait une colline assez élevée, au sommet de laquelle elle arrivait par des zigzags propres à diminuer la roideur de la montée.

Du côté gauche s'étendait une gorge profonde, presque semblable aux poétiques vallées de l'Oberland et parcourue par un ruisseau rapide, courant sous des saules, sur un lit de cailloux et de petites roches.

Çà et là des maisonnettes, suspendues aux parois opposées du vallon, tachetaient de leurs points blancs les fonds chauds et variés de la verdure, rougie et jaunie par l'automne.

Si, au contraire, le regard du voyageur se portait en arrière, il embrassait une immense étendue de paysage.

Un panorama de douze ou quinze lieues se déroulait majestueusement, offrant à l'œil une succession continue de petites collines qui, de loin, semblaient les ondulations d'une mer houleuse, pétrifiées tout à coup par la baguette magique d'un enchanteur ou d'une fée.

En dix endroits surgissaient du milieu de ces collines des pics plus élevés, couronnés presque tous par les débris croulants de quelque donjon seigneurial, — ruines mélancoliques, — derniers vestiges des siècles disparus.

On comprend sans peine le charme puissant des tableaux que nous venons d'ébaucher; aussi notre voyageur ne se lassait-il point de se tourner et de se retourner sur sa selle, jetant successivement son regard à tous les points de l'horizon.

Cependant comme il avançait toujours, quoiqu'il avançât à petits pas, il finit par atteindre le sommet de l'éminence qu'il gravissait depuis près d'une heure et il se trouva sur un plateau gazonné, large à peine de quelques centaines de mètres.

Là, il arrêta son cheval, et poussa, peut-être à son insu, une exclamation admirative.

Et certes, l'enthousiasme était naturel et légitime : à ses pieds se déroulait un bassin vaste et profond qui, par une courbe presque insensible, allait se réunir à de hautes montagnes boisées.

Le crépuscule, descendant rapidement, commençait à baigner dans une ombre bleuâtre le versant de ces montagnes, tandis que derrière elles, aux confins de l'horizon, apparaissaient les cimes du Mont-Blanc, teintées d'or, de violet et de pourpre par les derniers feux du soleil couchant.

Quelques petits villages, à demi perdus sous des touffes de grands arbres, se disséminaient dans la plaine.

L'aboiement isolé d'un chien de berger ou le bruit des grelots harmonieux des belles génisses blanches, marbrées de taches fauves, et regagnant l'étable, coupaient seuls le calme silence de cette soirée magnifique.

Après avoir amplement satisfait sa curiosité enthousiaste, le jeune voyageur interrogea la route du regard.

A cent pas devant lui, le chemin qu'il avait suivi jusqu'alors se bifurquait pour descendre de la colline.

Lequel de ces deux embranchements convenait-il de prendre?

Telle était la question; et le personnage encore inconnu que nous mettons en scène ne pouvait pas la résoudre plus que nous.

Il regarda à droite et à gauche, en avant et en arrière; personne ne venait.

La route était partout et complètement déserte.

Alors il ouvrit une des fontes de sa selle, et, au lieu du pistolet qui devait s'y trouver, il en tira une fort belle jumelle de spectacle en ivoire, plus accoutumée sans doute à contempler les beautés de la nature... à l'Opéra, que dans de véritables montagnes et parmi les splendeurs d'une véritable nature.

Une fois armé de ce télescope portatif, il le braqua successivement sur chacun des villages et des hameaux dont nous avons déjà parlé.

Son examen fut long, minutieux, et satisfaisant sans doute, car, au bout de dix minutes, il remit la lorgnette à la place où il l'avait prise, en murmurant :

— Ce doit être là.

Ensuite il rajusta la bride de son cheval, auquel il fit sentir légèrement les aides tout en lui disant :

— Allons, Waverley, allons, mon fils, nous touchons au gîte, et l'avoine du soir va te faire oublier dans une heure les fatigues de la route.

Waverley, comme s'il eût compris le sens des paroles de son maître, secoua en hennissant sa tête élégante et sèche, agita par deux fois sa crinière, allongea le pas et se mit à affronter d'un pied léger les ornières profondes et les cailloux roulants dont était parsemée la descente.

Cependant le voyageur n'était point parfaitement sûr de son fait à en juger du moins par la préoccupation constante de son regard, qui continuait à interroger vaguement l'espace.

Par bonheur, cette indécision inquiète fut de courte durée.

Les sons criards et fêlés d'un *cornet à bouquin* (1) retentirent sur la droite de la route, et, à travers les ombres croissantes, notre jeune homme entrevit un paysan qui conduisait un troupeau de moutons, avec l'aide de deux chiens énormes.

A la première pression du mors Waverley s'arrêta.

Au bout de deux minutes les moutons passèrent en désordre devant le cheval, suivis par l'enfant à qui on avait confié leur garde.

Cet enfant était vêtu d'une blouse bleue en mauvais état et d'un grossier pantalon de toile à sac.

Ses pieds nus plongeaient dans des sabots garnis de paille.

Il tenait de la main droite sa houlette, et sur son bras gauche il portait un agneau nouveau-né.

— Mon ami... — lui dit le voyageur.

L'enfant se retourna et attacha sur celui qui venait de lui parler ce regard terne et vitreux particulier aux paysans, qui cachent bien souvent une finesse extrême sous une apparence grossière et quelquefois stupide.

— Mon ami, — répéta le jeune homme.

— Quoi que vous me voulez? — demanda le berger.

— Je veux d'abord te donner ceci.

Et le voyageur tendit à l'enfant une petite pièce d'argent.

A la vue du précieux métal qui fait commettre en ce bas-monde tant de turpitudes et tant de crimes ; les yeux du berger étincelèrent.

Il se hâta de poser par terre sa houlette et son agneau.

Il saisit avidement la pièce qu'on lui présentait; il la baisa et la mit dans sa poche.

Ensuite, ôtant son bonnet de coton à raies blanches et rouges et le tortillant gauchement entre ses doigts, il dit avec un gros rire :

— C'est dix sous, tout d'même.

— Précisément, — répondit le voyageur; — je vois avec plaisir que tu connais la valeur de l'argent.

— Oh! dame, oui; j'en ons vu souvent, mais j'en ons jamais *évu* (2).

— Comment! c'est la première pièce de monnaie que tu possèdes?

— Oh! dame, oui, ça l'est tout de même. — Quoi que c'est qu'il faut faire *en pour*?

— M'indiquer mon chemin.

— Où c'est-il que vous allez?

— Cernay.

— Cernay-le-*Châtieau*?

— Oui.

— C'est là.

Et le paysan indiqua du doigt un point blanchâtre sur la gauche.

— Je ne m'étais pas trompé, — murmura le voyageur.

(1) On appelle *cornet à bouquin*, en Franche-Comté, une sorte de trompe faite avec une corne de bœuf et dont on se sert pour rassembler les moutons, les chèvres ou les vaches.

(2) Chaque fois que nous rencontrerons dans notre plume des expressions franc-comtoises, nous les soulignerons, mais nous ne les traduirons en note que quand elles ne nous paraîtront pas suffisamment claires par elles-mêmes.

Puis il reprit tout haut :

— Ainsi, pour arriver à Cernay, je n'ai qu'à suivre le chemin dans lequel nous nous trouvons?

— Oh! dame, oui. — Tout *drèt* devant vous, — ça pas malin!

— Tu trouves?

— Oh! dame, oui.

Le berger se gratta l'oreille et ajouta : — Ça peut être bien au *château* que vous allez, vers môsieu le comte?

— Pourquoi me demandes-tu cela?

— Dame! pour rien.

— Tu connais monsieur le comte?

— Pardine! — répondit le paysan avec son même rire, lourd et bête.

— Tu es à son service, peut-être?

— Dame! oui.

— Et qu'est-ce que tu fais?

— Dame! j'mène les bêtes aux champs.

— Ces moutons-là sont donc à M. de B....?

— Dame! oui, et encore ceux que mène Jean-Louis, et ceux que conduit le grand Pierrain *itou*; il en a joliment, allez, des *berbis*, notre môsieur le comte!

— Allons, mon garçon, bonsoir; — garde bien tes moutons, et prends garde que le loup ne les mange!

— Oh! *n'y a pas de garde* (1)! — répliqua le paysan, qui remit son bonnet sur sa tête et s'éloigna sans saluer.

Peu d'instants après, des aboiements prolongés annonçaient que les deux chiens du pâtre mettaient vertement à la raison quelques béliers récalcitrants, ou quelques brebis rétives.

Le voyageur, sûr désormais de ne point s'égarer et de toucher au but, lança Waverley au grand trot, et, grâce à la rapide allure du bel animal, en moins de cinq minutes il atteignit les premières maisons du hameau de Cernay.

L'obscurité était déjà profonde, il lui fut donc impossible de se rendre un compte exact de la plus ou moins grande propreté et de l'élégance des habitations.

Mais les émanations fétides des fumiers croupissant en pleine rue le disposèrent à en juger peu favorablement.

Une vieille femme, debout devant une chaumière, lui indiqua le chemin du château, et il ne tarda point à faire son entrée dans la cour d'honneur.

A peine avait-il mis pied à terre qu'un palefrenier vint prendre la bride de son cheval, tandis qu'un valet de chambre s'approchait de lui et lui demandait :

— Quel nom aurai-je l'honneur d'annoncer à M. le comte?

— Annoncez Victor Didier, — répondit le jeune homme en suivant le domestique.

Ⅱ

LES AMIS.

Le nouveau venu, marchant toujours sur les traces du valet de chambre, traversa un vestibule assez vaste, puis une jolie salle de billard.

Après avoir franchi ces deux pièces, le domestique ouvrit la porte d'un petit salon, et obéissant à l'injonction qui venait de lui être faite, il prononça à haute et intelligible voix le nom de Victor Didier.

— Hein! — qu'est-ce que vous dites? — demanda vivement, depuis l'intérieur du salon, une voix très-émue.

(1) Il n'y a pas de danger.

Le valet de chambre s'apprêtait à répéter.

Mais le voyageur ne lui laissa pas le temps, car, l'écartant de la porte avec une extrême vivacité, il se présenta lui-même en s'écriant :

— Eh! oui, c'est moi! c'est bien moi!

Et, tout en prononçant ces paroles, il échangeait déjà avec le maître du logis une cordiale et chaude étreinte.

— Mais, en vérité, je n'en puis croire mes yeux, — dit enfin le comte de B...., après cette première accolade, — toi ici, — toi, chez moi, — toi, le paresseux par excellence,—toi, le flâneur incorrigible, — toi, l'habitué du boulevard des Italiens et du foyer de l'Opéra, — toi, qui cent fois as déclaré que tu t'étiolerais comme une tendre fleur, si l'on essayait seulement de te transplanter hors de l'atmosphère de fumée et de poussière de ton asphalte parisien!—toi, enfin, toi,Victor Didier, au fond de nos montagnes et dans mon humble demeure!... — Ah! je ne sais si je dors ou si je veille, — je vois tes traits, je serre ta main, et je ne puis cependant croire à la réalité du témoignage de mes sens.

— Je t'affirme que je suis *moi*, bien moi, — répondit Victor Didier en souriant; — le fantastique ne joue pas le moindre rôle en cette affaire, mon ami, et je vais te fournir la preuve matérielle que je suis devant toi, en chair et en os, en te priant de me faire apporter quelque chose à manger le plus vite possible. — Je meurs de faim, — il y a dix heures que je suis à cheval.

— A l'instant même tu vas être servi, — fit le comte en approchant de ses lèvres un petit sifflet d'argent.

Le valet de chambre accourut.

— Apportez ici des viandes froides, du vin de Madère, et hâtez-vous, — lui dit M. de B...

§

Tandis qu'on exécute ces ordres successifs, mettons rapidement nos lecteurs au fait de la position sociale de nos deux personnages et de l'origine de leur mutuelle affection.

Le comte de B... avait précisément le même âge que Victor Didier, c'est-à-dire vingt-six ou vingt-sept ans.

Il était petit, blond, mince, et, somme toute, fort joli garçon.

Victor et le comte étaient tous les deux d'origine franc-comtoise.

Ils avaient fait ensemble leurs classes au collège Louis-le-Grand.

Ils s'étaient retrouvés ensuite sur les bancs de l'école de droit.

Reçus avocats en même temps, ils n'avaient songé ni l'un ni l'autre à s'adonner à la carrière du barreau ou à celle de la magistrature.

Le comte de B..., orphelin, et riche à sa majorité d'une vingtaine de mille livres de rente, s'était aussitôt jeté à corps perdu dans le tourbillon des plaisirs de Paris.

Victor Didier, sans fortune, ou du moins ne jouissant que de très-humbles ressources, avait senti tout à coup s'éveiller en lui une vocation véritable qui le poussait vers les amers triomphes et les couronnes épineuses de la carrière artistique.

Il était devenu sculpteur!

Et, comme il possédait réellement l'étincelle du feu sacré, il avait vu les germes de son talent se développer avec rapidité, et son nom grandir de jour en jour.

Au bout de peu d'années, il avait distancé tous ses rivaux et s'était créé une position hors ligne; — déjà la popularité s'emparait de son nom, — on s'arrachait ses œuvres nouvelles, et les marchands se disputaient à prix d'or le moindre fragment de glaise échappé de ses ébauchoirs.

Chose bizarre et pourtant commune.

Aussitôt que Victor Didier eut conquis l'indépendance, — cette médiocrité dorée, — *aurea mediocritas*, — dont parle florace, les instincts du paresseux se développèrent en lui à côté des instincts de l'artiste.

Il consacra au *far niente* le plus absolu une importante portion de sa vie.

Il ne travailla plus que juste le temps nécessaire pour subvenir à toutes les exigences matérielles de la vie.

Il eut un joli petit logement, chaud en hiver, frais en été.

Il eut un domestique et un cheval.

Il régla son oisiveté avec une si parfaite régularité et une uniformité si grande, que ce genre d'existence eût paru monotone et insupportable, même au génie de la paresse

Parfois, quand le feu divin redescendait en lui, — quand l'inspiration faisait frissonner en passant les cordes detendues de son âme, — il s'enfermait pendant un temps plus ou moins long dans son atelier solitaire, — n'y recevait personne, — y vivant, — pour ainsi dire, — sans manger et sans dormir.

Là, dans cet état de surexcitation violente et de fièvre nerveuse, il créait un petit chef-d'œuvre.

Ce petit chef-d'œuvre était échangé le lendemain contre bon nombre de billets de banque et Victor se replongeait pour des mois entiers dans sa nonchalante indolence de lazzarone napolitain.

Et qu'on n'aille pas croire que nous traçons ici une silhouette de pure fantaisie. Nous reproduisons tout simplement un type assez commun, et nous pourrions écrire plus d'un nom bien connu au-dessous du portrait de Victor Didier.

Le jeune comte de B..... suivit une voie absolument différente.

Après avoir ébréché quelque peu sa fortune dans les folies et les dissipations d'une période de deux ou trois ans, un revirement complet se fit dans ses idées et dans son caractère.

L'abus des plaisirs le conduisit bien vite à la satiété.

La réaction fut d'autant plus violente qu'il y avait dans son caractère un grand fonds d'enthousiasme, mêlé à beaucoup de bons sens.

Il prit en pitié et en dégoût les joies frelatées qui lui avaient paru jusqu'alors le beau idéal du bonheur.

Paris lui devint odieux.

Il se décida à l'abandonner pour toujours, et, philosophe de vingt-cinq ans, il alla vivre dans ses terres pour y surveiller de ses propres yeux une vaste exploitation agricole, pour y étudier fructueusement l'importante question de l'amélioration des races bovines et chevalines et pour y goûter, au milieu des beaux sites du Jura, les tranquilles plaisirs de la chasse, de la pêche et de l'équitation.

De tous les camarades qu'il laissait à Paris, le comte de B..... n'en regrettait qu'un seul, — Victor Didier.

Aussi, depuis trois ans qu'il était installé définitivement dans son vieux château de Cernay, il écrivait tous les quatre ou cinq mois à l'artiste, afin de l'engager à le venir voir.

Victor répondait... quelquefois.

Ces réponses disaient toutes, d'une façon invariable, ceci : — *Compte sur moi.* — *Je te verrai très-prochainement.*

Mais le comte de B..., mis au fait des nouvelles habitudes de son ami, s'était, à la longue, profondément convaincu que jamais Victor ne pourrait se décider à franchir les limites de la banlieue de Paris.

Cependant il continuait à lui écrire, mais par habitude et sans espoir. — Qu'on juge donc de sa surprise, ou plutôt de sa stupéfaction, en le voyant tomber à l'improviste chez lui sans même avoir été prévenu de son arrivée.

§

Pendant le temps employé par nous à donner ces courtes mais indispensables explications, on avait apporté dans le salon et placé devant Victor une petite table chargée d'un substantiel filet de bœuf à peine entamé, — d'une colossale

tranche de pâté de gibier et d'un jambon qui faisait le plus grand honneur aux soins prodigués à ses élèves par la fille de basse-cour du comte de B.....

Aussitôt que Victor eut satisfait aux plus pressantes sollicitations de son appétit, la conversation, un instant languissante, fut reprise.

— Enfin, mon cher ami, — dit le comte, qui s'empara le premier de la parole, — tu vas m'expliquer, je l'espère, par quel concours de circonstances heureuses et fortuites je dois d'être en ce moment ton hôte; car, je te l'avoue avec franchise, je ne suis pas encore revenu de mon étonnement, et je n'en reviendrai probablement pas de sitôt...

— Mais il me semble que le plaisir de te voir...

— Halte là! tu vas mentir...

— Pourquoi donc?

— Je sais à merveille que tu as en effet un très-grand plaisir à me serrer la main; mais je sais aussi, non moins bien, que, si tu n'avais point eu d'autres mobiles plus déterminants, tu n'aurais jamais pu prendre sur toi de te mettre en route et de venir me voir. — Ai-je tort ou raison?

— Eh! eh!

— Voyons, sois franc.

— Eh bien! ma *vérité vraie* est que tu n'as pas tort, et je vais tout te dire. Aussi bien, tu es tellement perspicace qu'il est impossible de rien te cacher.

— Flatteur!

— C'est comme ça! — D'ailleurs, ce que j'ai à raconter est simple comme bonjour, et peut tenir en quatre mots.

— J'écoute.

— Voici. — Tu sais que je vis de mon travail?

— Sans doute.

— Tu sais, de plus, que je ne travaille qu'à mes heures?

— Que tu as soin de rendre très-rares et très-courtes...

— Je sais encore cela, — continue.

— Bon, voilà que tu m'attaques. —*Tu, quoque Brutus!* Tu es donc comme les autres, qui prétendent que je suis paresseux...

— Eh bien, ne l'es-tu pas?

— Non, certes. — Ce n'est pas l'envie de *piocher*, c'est l'inspiration qui me manque. Or, depuis quelque temps, l'inspiration me faisait défaut plus encore que de coutume, — j'avais la tête vide, — l'esprit lourd, — pas une idée, — rien... — rien... rien!

— Pauvre garçon! — dit le comte en riant.

— Ça n'était pas gai! — reprit mélancoliquement Victor. Puis il poursuivit:

— Cependant, les fonds étaient bas dans mon secrétaire comme dans ma cervelle.

« Il fallait travailler... *quand même!*

« J'essayai.

« Mais ce travail purement mécanique fut indigne d'être avoué par le plus misérable gâcheur de plâtre.

« Je luttais vainement contre mon impuissance.

« L'ébauchoir ne m'obéissait plus, et la terre glaise devenait rebelle entre mes mains.

« Je voulais créer une Vénus! — Je produisais une lorette.

« J'étais vaincu, — complètement, honteusement vaincu!

« Cet état de choses ne me semblant point naturel, je craignis d'être atteint par quelque maladie mentale, destructive de l'intelligence.

« J'allai trouver un habile médecin qui m'interrogea sur mon passé et sur mes habitudes, et qui se mit à rire quand j'eus répondu à toutes ses questions.

« —Vous êtes malade, en effet, me dit-il, et à votre maladie il n'y a qu'un remède; mais ce remède est facile et souverain.

— Quittez à l'instant l'atmosphère stupéfiante et abrutissante dans laquelle vous vivez! — Mettez dans un portemanteau quatre chemises et rien de plus. — Montez à cheval, partez, allez vous retremper dans l'air pur des montagnes, et je vous garantis qu'en fort peu de temps tous les symptômes qui vous inquiètent auront radicalement disparu !

« Je pensai tout de suite à toi, mon très-cher ; — je suivis l'avis du docteur, — je fis seller mon cheval Waverley, — je sortis de Paris par la barrière de Charenton, j'allai toujours tout droit devant moi ; — je m'arrêtai pendant deux jours à Pontarlier, chez une vieille parente que j'ai dans cette ville, et me voici, — fort heureux, je te le jure, de me trouver auprès de toi.

— Je bénis le bon docteur et sa consultation ! s'écria le comte en serrant la main de Victor. — Et, dis-moi, les idées reviennent-elles ?

— En foule.

— Bravo !

— Je sens déjà que je pourrais produire quelque chose de passable.

— La cure est en bon train. — Pour la compléter, je veux te garder trois mois ici.

— Oh ! oh !

— Ne t'épouvante point, — je saurai te distraire ; — nous pêcherons, nous chasserons. — D'ailleurs, tu es gourmand, n'est-ce pas ?

— Mais, un peu.

— Eh bien ! j'ai une excellente cuisinière et ma cave renferme une collection de vins de l'année de la comète.

— Fichtre...

— Tu n'en trouverais pas de pareils au café Anglais, mon cher.

— Je le crois bien, des vins de la comète ! — Nom d'un petit bonhomme ! rien que d'y songer, l'eau m'en vient à la bouche.

— J'aime cet enthousiasme.

— Il est bien naturel.

— Et puis enfin je te ferai visiter toutes les curiosités du pays.

— Sont-elles nombreuses ?

— Mais oui...

— Et *curieuses ?*

— Sans doute.

— Et, dans ce village, y a-t-il quelque chose à voir ?

— Rien... excepté cependant...

— Quoi donc ?

— L'*ex-voto* du Loup noir.

III.

LA COMPLAINTE.

— L'*ex-voto* du Loup noir ! répéta Didier, — qu'est-ce que c'est que ça ?

— Ne sais-tu pas ce que c'est qu'un *ex-voto ?* — demanda le comte.

— Si, pardieu ! — Mais je ne m'explique point cet accouplement de mots : *Loup noir* et *ex-voto,* qui hurlent de se trouver ensemble ; — d'ailleurs les loups sont en général de couleur fauve, et j'ai bien ouï dire qu'il y en avait de blancs, mais jamais, au grand jamais, je n'ai entendu parler de loups noirs.

— C'est que probablement le loup dont il s'agit est un loup exceptionnel, — répondit le comte en riant.

— Tu veux piquer ma curiosité ?

— Et je crois que j'y parviens.

— Voyons, ne me fais pas languir ; tu sais que j'ai toujours beaucoup aimé les histoires, s'il y en a une sous roche, raconte-la-moi tout de suite.

— Non pas.

— Pourquoi ?

— Parce que, satisfaire en ce moment ton désir, serait te faire assister aux derniers actes d'un drame dont tu ne connaîtrais pas le prologue.

— Ce n'est point une raison. — J'aime beaucoup commencer les romans par la fin.

— Oui, mais ici il ne s'agit pas d'un roman.

— Ainsi, tu es inflexible ?

— Comme un rocher.

— Et demain matin, tu seras plus raisonnable ?

— Aussitôt après le déjeuner, les mystères du *Loup noir* te seront révélés.

— J'en accepte l'augure et je te souhaite le bonsoir. — Fais-moi conduire, je te prie, à la chambre que tu me destines.

— Déjà ?

— Un homme qui vient de Paris, à cheval, a grand besoin de repos.

— C'est juste. — Voici mon domestique que je mets à tes ordres. Bonne nuit, mon ami, et à demain.

— C'est convenu.

Victor Didier se coucha et ne tarda guère à s'endormir de ce profond et bienfaisant sommeil, particulier aux voyageurs et aux chasseurs.

Le lendemain matin, après un confortable repas, arrosé de deux bouteilles du fameux vin de Beaune de l'année de la comète, M. de B... prit Victor Didier par le bras, en lui disant :

— Quand tu voudras...

— Tout de suite.

— Eh bien ! allons.

— Où ?

— A l'église.

— C'est donc là que nous verrons l'*ex-voto* du *Loup noir ?*

— Oui.

Les deux amis quittèrent le château et se dirigèrent vers l'humble chapelle du hameau de Cernay, à travers des rues en assez mauvais état, obstruées par des chariots, des instruments aratbires et des tas de fagots.

Chemin faisant, Victor manifesta quelque étonnement du désordre et de l'incurie dont, sur son passage, il voyait partout les traces.

— Que veux-tu ? — lui répondit le comte, — nos paysans sont ainsi bâtis. — Il est impossible de leur faire entrer dans la tête les plus simples notions d'ordre et de propreté. — Ils abhorrent les innovations ; — ils ne veulent faire que ce que faisaient leurs pères. — La *routine* est leur loi suprême. — J'ai voulu les changer, j'y ai perdu mon temps !

Tout en causant, les jeunes gens avaient atteint la porte à claires-voies du petit cimetière qui s'étendait autour de l'église, comme c'est l'usage dans les campagnes. — Ils entrèrent.

Chacun sait ce que c'est qu'une église de village.

Rien, selon nous, ne se peut voir de plus poétique que ces humbles maisons du Seigneur.

Nous aimons la naïve simplicité de leurs ornements.

Nous aimons leur nef étroite et sombre, parfumée par l'odeur de l'encens refroidi.

Nous aimons leurs statuettes informes, leurs tableaux grossiers, et jusqu'à la modeste lampe qui, nuit et jour, brûle dans le sanctuaire.

Si jamais, ce qu'à Dieu ne plaise, la foi s'exilait des cités, c'est dans une église de village que se réfugierait cette vertu céleste.

Didier, dont l'âme profondément artiste s'impressionnait facilement, formula, à peu de chose près dans les mêmes termes que nous, les réflexions que nous venons d'écrire.

Son compagnon fit de la tête un signe approbateur et le conduisit dans une très-petite chapelle pratiquée dans l'un des bas côtés de l'église.

— C'est ici, — lui dit-il; — regarde!

En effet, sur la muraille nue faisant face à l'autel, on voyait trois objets.

C'était d'abord une carabine de grande dimension, à demi rongée par la rouille et soutenue par deux crampons de fer.

C'était ensuite une patte de loup, remarquable par sa couleur noire et par sa grosseur vraiment phénoménale.

C'était enfin une de ces images grossièrement enluminées, comme les colporteurs en vendent pour un sou dans les campagnes et qui servent à décorer l'intérieur des chaumières.

Quelques-unes de ces images sont célèbres.

Nous pouvons citer entre autres : *Crédit est mort, les mauvais payeurs l'ont tué*, — *le Juif errant*, — *les Quatre Fils Aymon*, etc.

Celle dont il s'agit et que quatre fortes épingles fixaient à la muraille, représentait, ou du moins était censée représenter un animal monstrueux, — velu, — hérissé, — lançant du feu par les naseaux, par la bouche et par les oreilles.

Tout autour de l'image, et formant une espèce d'encadrement, se voyait imprimée, avec ces caractères détestables, vulgairement connus sous la dénomination de *têtes de clous*, une complainte en *quarante-huit* couplets.

Victor Didier tira son portefeuille et copia cette complainte, devenue aujourd'hui excessivement rare, si même il en existe un autre exemplaire que celui de la chapelle de Cernay.

Nous ne pouvons résister au désir de donner à nos lecteurs un échantillon de cette poésie naïve, et vraiment typique.

En tête se lisaient ces mots : — *Complainte du Loup noir*.

Et le poëte, entrant en matière par le début suivant, qui ne manquait point, comme on va le voir, d'une certaine pompe dans son genre, s'écriait :

> En mil sept cent nonante deux,
> Arriva le fait fameux,
> Que je vais vous raconter
> En toute sincérité.
> Vous, qui lirez ce récit,
> Souvenez-vous de ceci :
> *C'est qu'il est fâcheux le soir*
> *De rencontrer le* LOUP NOIR!

Cela posé, l'auteur de la ballade abordait immédiatement son sujet en homme qui connaît le prix du temps.. et des mauvais vers.

Voici le second couplet :

> Dans le pays du Jura
> Ce monstre qu'on exécra
> Vint exercer son ravage
> Et pratiquer son carnage!
> Chaque jour, nouvelle horreur!
> Chaque jour, nouveau malheur!
> Si bien qu'on crut, mais à tort,
> Qu'il avait le diable au corps!

Suivait la description du monstre, — description détaillée et complète, pour laquelle l'imagination du peintre ne lui avait point fait défaut :

> Cet animal était gros
> Pour le moins comme un tonneau!
> Tout son poil se hérissait
> Sitôt qu'on le tracassait!
> Son épouvantable gueule
> Pouvait broyer une meule,
> Et quand il était bien aise,
> Son œil flambait comme braise!...

Vous trouvez sans doute que ce portrait n'est point flat-

teur? — Attendez un instant, vous en verrez bien d'autres.

La complainte continuait ainsi :

> Il avait le mufle énorme
> Et d'une effroyable forme!
> Il avait des crocs sanglants,
> Qui lui tenaient lieu de dents!
> Il avait le poil plus long
> Que le crin d'un étalon,
> Et plus noir que *Lucifer*,
> Le grand diable de l'enfer!

Puis venait un dénombrement, à la façon d'Homère, des forfaits inouïs attribués au *Loup noir*.

Ce dénombrement comprenait six couplets. — Nous n'en citerons qu'un :

> Combien croqua-t-il de gens,
> Ce scélérat, ce brigand?
> C'est ce que je ne puis dire,
> Car il ne faut pas médire. —
> Il attirait dans les bois
> Les enfants, par ses *abois*,
> Puis il les mettait à mort,
> Et c'était un très-grand tort!...

Après l'examen détaillé des crimes et délits du loup, l'auteur consacrait *trente-cinq* couplets, — ni plus ni moins, — à narrer la légende proprement dite :

Quelques-uns de ces couplets sont infiniment curieux, et par le fond et par la forme, mais nous sommes forcé de les supprimer ici, sous peine de déflorer d'avance tout l'intérêt de notre narration.

La conclusion morale suivait le récit des faits.

L'auteur se résumait en ces termes :

> Ceci nous prouve que Dieu,
> Présent sans cesse en tout lieu,
> N'est point un être imparfait,
> Qu'il fait bien tout ce qu'il fait,
> Et que l'on finit toujours,
> Avec son puissant concours,
> Par triompher des méchants,
> Comme des loups dévorants!

Et enfin, après cette conclusion sentencieuse, venait, en façon d'épilogue, un dernier mot du poëte au lecteur :

> Si vous avez lu sans crainte
> Jusqu'à la fin ma complainte,
> Profitez incontinent
> De son grand enseignement!
> Fillettes qui m'écoutez,
> Je vous dis, en vérité :
> *Qu'il est dangereux, le soir,*
> *De rencontrer le* LOUP NOIR!

— Eh bien! qu'en dis-tu? — demanda le comte de B..., en sortant de l'église avec Didier, aussitôt que ce dernier eut écrit le mot *fin*, au bas des derniers vers.

— Je dis que c'est fort original, — répondit l'artiste.

— N'est-ce pas?

— Et je regrette qu'un de nos modernes écrivains, de ceux qui passent leur vie à faire du neuf avec du vieux, ne soit point ici pour recueillir les détails de cette bizarre légende et pour les mettre en œuvre dans un livre.

— Qui t'empêche de faire cela toi-même?

— Ce qui m'en empêche? — répondit Didier, — tout simplement le sens commun :

> Ne forçons point notre talent,
> Nous ne ferions rien avec grâce..

a dit le bonhomme La Fontaine, et il a eu raison. — Je suis

sculpteur et non romancier, — je manie assez bien le ciseau, e serais très-malhabile à tenir une plume.

— Sais-tu que c'est beau, ce que tu dis là, et que bien peu de gens seraient aussi modestes !

— Parce que le monde est plein d'une foule d'imbéciles qui ne sont bons à rien et se croient capables de tout.

— C'est exact; — mais pour en revenir à notre histoire, — puisque tu t'enthousiasmes à propos du récit informe de la légende que tu viens de lire et de copier, que sera-ce donc quand le drame se déroulera tout entier devant toi, avec ses péripéties étranges et ses incidents imprévus?

— Ce sera plus habilement arrangé, sans doute, mais cela n'aura plus ce cachet de naïveté qui me charme.

— Voilà ce qui te trompe.

— Comment?

— L'intérêt ira croissant, mais le cachet restera le même.

— Impossible.

— Impossible, dis-tu?

— Oui, complétement. — Je n'admets pas que toi, homme du XIXe siècle, — ci-devant étudiant en droit à la Faculté de Paris, et parlant à ma personne en l'an de grâce 1847, tu puisses conserver à un récit la candide et rustique allure du coupletier de *mil sept cent nonante deux*. — Tu as de l'esprit, mon cher ami, beaucoup d'esprit, et tu racontes à merveille, mais je maintiens le mot, à l'impossible nul n'est tenu.

— Tu parles ! — tu parles ! — tu parles ! — répliqua le comte en riant, — et tout cela pour persuader un homme convaincu.

— Convaincu?

— Sans doute ! — je suis de ton avis, et j'en suis si bien, que ce n'est pas moi qui te raconterai la chronique du *Loup noir*.

— Ah ! ah !

— C'est quelqu'un qui s'en acquittera de la façon dont tu le désires et beaucoup mieux que je ne le ferais; — quelqu'un pour qui cette chronique est une histoire de famille. — le propre fils, enfin, de l'un des héros de la légende.

— Ah bah !

— C'est comme j'ai l'honneur de te le dire.

— Mais... qui donc ?

— Tu vas voir.

Et le comte de B... entraîna du côté des champs son ami Victor Didier, qui, tout en marchant, fredonnait machinalement sur l'air de *Fualdès* :

> Si vous avez la sans crainte
> Jusqu'à la fin ma complainte,
> Profitez incontinent
> De son grand enseignement!
> Fillettes qui m'écoutez,
> Je vous dis, en vérité :
> *Qu'il est dangereux, le soir,*
> *De rencontrer le* LOUP NOIR !

IV

JEAN-LOUIS.

Didier et le comte de B... firent environ deux cents pas hors du village, en suivant le chemin communal, puis ils s'engagèrent dans un petit sentier pratiqué à travers champs et enclavé entre deux haies vives de noisetiers et de rosiers sauvages.

Au bout de ce sentier, à trois portées de fusil des dernières habitations, ils se trouvèrent en face d'une chaumière de chétive apparence.

Cette chaumière, bâtie avec de la boue et des pierres sèches, n'avait qu'un rez-de-chaussée surmonté d'un toit de chaume, verdi par la mousse et les lichens et couvert de végétations parasites.

Un petit enclos s'étendait à l'entour, et de belles poules y picoraient joyeusement sous la surveillance d'un coq haut perché sur ses ergots, et se donnant des airs vainqueurs et des allures conquérantes.

Sur un banc de bois, à côté de la porte, était assis un paysan qui fumait, avec méthode et régularité, une courte pipe de terre culottée amplement.

A l'aspect des visiteurs, cet homme se leva avec politesse, mais sans précipitation; il souleva à demi son chapeau de paille à larges bords, et, après avoir heurté légèrement de l'ongle le fourneau de sa pipe pour en faire tomber les cendres, il dit d'une voix gutturale et avec un accent très-prononcé :

— Bien le bonjour, notre monsieur et la compagnie, *ça va-t-il comme vous voulez?*

— Je vous remercie, Legoux, ça va le mieux du monde;— et chez vous, comment se porte-t-on?

— Dieu merci, notre monsieur, *tout un chacun* ils ne vont point mal; — d'abord moi, je suis solide, bon pied, bon œil, *comme dit l'autre*, la ménagère *itou*.

— Et vos enfants?

— Notre Jeanne-Antoine, qui est mariée à Pontarlier, vient d'accoucher de son *petiot* troisième, un gros garçon, dam'! qui se porte en charme, et qu'est tout mon portrait, à ce qu'on dit.

— Allons, tant mieux !

— Quant à notre *fieu* Jean-Baptiste, qui était caporal aux chasseurs d'Afrique, il m'a fait savoir, par un mot d'écrit, qu'il venait de passer sergent et d'être mis à l'ordre du jour, pour avoir *descendu* je ne sais pas combien de Bédouins...

— Ah ! ah !

— Oui, notre monsieur. — Oh ! je peux dire que j'ai bien de l'*ésatisfaction*, rapport à cet enfant-là; et n'était qu'il met toujours à la *poste-scriptume* de ses bouts de billets qu'il faut lui envoyer de l'argent, je dis qu'il n'aurait pas son pareil.

— Eh bien ! Legoux, il faut lui en envoyer en effet.

— Ah ! vous trouvez ça, notre monsieur?

— Sans doute. — Vous êtes riche, Jean-Louis ?

— Oh ! riche... si on peut dire. — J'ai bien par-ci, par-là, quelques petits lopins de terre, et dans l'armoire une douzaine de vieux écus dans le pied d'un bas; mais on aurait joliment vite fait d'en voir la fin, de ces lopins et de ces écus-là, allez, notre monsieur. — Ah ! Jésus, mon Dieu ! sainte Vierge Marie! oui, on aurait joliment vite fait...

Tandis que le comte et le paysan causaient ainsi, Victor Didier avait eu tout le temps d'examiner Legoux avec attention, et il le regrettait fort de n'avoir point sous la main un peu de cire à modeler ou de terre glaise pour ébaucher la silhouette originale et caractéristique du vieillard.

Jean-Louis Legoux n'avait en réalité pas plus de soixante-deux ou soixante-trois ans; mais il paraissait beaucoup plus âgé, tant l'habitude des rudes travaux de la campagne avait courbé et déjeté son corps.

Son visage, son cou, et jusqu'à son crâne chauve, mal préservés des ardeurs du soleil, avaient contracté une teinte foncée de bistre, tirant sur le cuivre rouge.

Au milieu de cette face vigoureusement empourprée brillaient des petits yeux noirs, vifs et mobiles, ombragés par une touffe épaisse de sourcils blancs comme de l'argent.

Deux ou trois mèches de cheveux, également argentées, flottaient sur le crâne et tombaient sur le col de la veste.

Son costume de paysan consistait en une veste de droguet et un pantalon de même étoffe.

Et cependant, au milieu des dévastations physiques que nous venons de signaler, existaient encore quelques traces d'une beauté qui avait dû être remarquable pendant la jeunesse de Jean-Louis Legoux.

Les traits du visage avaient été fins et réguliers, sans doute, avant d'être sillonnés par mille rides et recouverts de parchemin, et la taille n'avait dû manquer ni de souplesse ni de grâce, avant que sa longue échine ne se fût arrondie et ankylosée.

La conversation, un moment interrompue, fut reprise par le vieillard, en ces termes :

— Est-ce que vous allez bien loin comme ça, notre monsieur? demanda-t-il.

— Nous sommes arrivés, répondit le comte.

— C'est donc ici que vous veniez?

— Précisément.

— Et c'est moi que vous vouliez voir, peut-être bien?...

— Vous-même, Jean-Louis.

— Quoi donc c'est-il, notre monsieur, qu'il faut que je fasse ?

— Il faut que vous me fassiez le plaisir de venir dîner ce soir au château.

— Au *châtiau !* — répéta le paysan avec étonnement.

— Oui, répondit M. de B...

— Avec vos gens?

— Non, — avec moi.

— Allons donc, notre monsieur, vous voulez rire"

— Pas le moins du monde ; — je vous invite de la façon la plus positive.

— Ah ! si c'est comme ça, notre monsieur, c'est bien de l'honneur que vous me faites, et je n'y manquerai point, pour sûr !...

— A la bonne heure ! — Ainsi, c'est entendu?

— Entendu et convenu, notre monsieur.

— Soyez exact, nous nous mettrons à table à six heures précises.

— *Il n'y a pas de garde* que je me *misse* en retard, notre monsieur, — je consulterai mon *oignon.*

— Allons, Legoux, à ce soir.

Le comte et Didier s'éloignèrent, tandis que le paysan rallumait la pipe qu'il avait laissé s'éteindre, et que, se rasseyant sur son banc de bois, il se remettait flegmatiquement à fumer.

———

Au moment où sonnaient six heures, M. de B.., Victor Didier et Jean-Louis Legoux prenaient place autour de la table splendidement servie de la salle à manger.

Le vieux paysan n'était rien moins qu'à son aise.

Non pas cependant qu'il y eût de sa part excès de timidité ou d'embarras, mais des causes purement physiques détruisaient momentanément tout son bien-être.

Ainsi, par exemple, — afin de faire honneur à son hôte,— il avait cru devoir revêtir le bel habit de tiretaine violette, à boutons d'acier, qu'il portait le jour de son mariage.

Or, comme il s'était marié à l'âge de dix-neuf ans, et qu'il avait depuis ce temps beaucoup grandi et quelque peu grossi, l'habit en question, devenu trop étroit, le gênait horriblement des entournures.

Joignez à cela que le bon paysan, accoutumé à laisser son cou robuste exposé librement à toutes les intempéries de l'atmosphère, s'était sanglé dans le carcan d'une cravate d'indienne tricolore, de laquelle s'échappaient les angles aigus d'un col de chemise fortement empesé et guillotinant de longues oreilles rouges, ornées de petites boucles d'argent.

Citons encore, mais seulement pour mémoire, ce gros souliers un peu trop justes, et nos lecteurs auront une idée exacte de la situation désagréable de l'excellent Jean-Louis Legoux.

Durant tout le commencement du repas, le digne paysan fut sombre et taciturne ; il tenait sa chaise à dix-huit pouces de la table et n'osait risquer un mouvement, de peur de faire craquer son précieux habit et de compromettre l'économie si précieuse de son col de chemise.

Mais, peu à peu, cependant, grâce aux copieuses rasades que lui versait tantôt Didier, tantôt M. de B..., Jean-Louis sentit se dissiper son embarras et son malaise.

Il commença par rapprocher sa chaise de la table.

Ensuite, il donna du jeu à sa cravate, ce qui lui permit de respirer... à peu près.

Il déboutonna son habit.

Et enfin, — disons-le bien bas, — il ôta discrètement ses souliers.

Les deux jeunes gens observaient son manége à la dérobée, et, comme bien on pense, s'en amusaient infiniment.

Jean-Louis, délivré des mille et une petites tortures qui l'avaient absorbé jusque-là, et mis en train, d'ailleurs, par les nombreuses libations qui commençaient à se livrer un rude assaut dans sa tête, devint d'une gaieté folle.

Cette gaieté n'était point encore de l'ivresse, — mais elle devait y conduire par une pente insensible, si l'on ne coupait court, au plus vite, à l'ébriosité croissante qui se manifestait.

M. de B..., comprit cela à merveille, et, comme il n'avait point invité le paysan dans l'unique but de le griser, il mit hors de la portée de sa main une vieille bouteille de Clos-Vougeot, vers laquelle cette main se portait amoureusement, et lui dit :

—Voyons, Jean-Louis, c'est assez bu pour le moment, causons un peu, s'il vous plaît.

— Ça me plaît, — répondit le paysan d'une voix quelque peu chevrottante, ça me plaît, si ça vous plaît, — causons donc, notre monsieur; mais avant, laissez que j'allume ma pipe...

— Voulez-vous un cigare, Jean-Louis ?

— Grand merci, notre monsieur, ces petites machines de tabac, voyez-vous, ça n'a pas plus de goût que rien du tout ! J'aime mieux ma pipe. — A tout le moins, on sent ce qu'on fume.

— A votre aise, Jean-Louis. — Voici du *Maryland* et du *Caporal*... choisissez.

— Ah ! notre monsieur, je choisis le *Caporal !* — le *Caporal*, voyez-vous, c'est le roi des tabacs ! — Cré nom ! — c'est une injustice soignée tout de même que de l'avoir appelé *Caporal*, ce tabac-là ! on aurait dû l'appeler *Sergent*... qu'est-ce que je dis donc ? on aurait dû l'appeler *Général !*

— Vous avez raison, Jean-Louis, mais ce n'est pas de cela qu'il s'agit.

— Oui, notre monsieur... bien sûr que ce n'est pas de cela qu'il s'agit.

— Il faut vous dire que mon ami Didier et moi, nous sommes allés à l'église aujourd'hui.

— Tiens! tiens! tiens! — ça n'est pourtant pas dimanche, ni fête non plus.

— Peu importe! quoique ce ne soit pas dimanche, nous y sommes allés et nous y avons vu l'*ex-voto du Loup noir.*

— Naturellement, notre monsieur, puisqu'il y est...

— L'image et la complainte ont très-vivement piqué la curiosité de mon ami Didier...

— Ça ne m'étonne point, notre monsieur, ça ne m'étonne point !

— Je lui ai parlé de vous, — à mon ami Didier; je lui ai dit que vous saviez, jusque dans ses plus petits détails, la chronique en question.

— Pardine ! c'est bien certain que je la sais ! vous en pouvez jurer hardiment, notre monsieur !

— J'ai ajouté que votre père avait été l'un des héros de cette merveilleuse légende...

— Oui, notre monsieur; mon père, mon propre père,

Agénor-Michel Legoux en personne, et je dis même que c'est un peu honorable pour moi !

— Eh bien ! mon cher Jean-Louis, c'est cette histoire que je voudrais vous prier de nous raconter.

— Ça se peut se faire tout de même, notre monsieur, ça se peut faire.

— Oui, sans doute, mais c'est que nous désirerions que ce fût... à l'instant même...

— Va comme il est dit, notre monsieur, je vas m'y mettre; attendez seulement que je rebourre et que je rallume ma pipe que voilà *finite*, et versez-moi un petit verre de quelque chose pour humecter *ma pauvre estomac*.

— Voici ce que vous demandez, Jean-Louis.

— Grand merci, notre monsieur... — Voyons, y êtes-vous ?

— De toutes nos oreilles.

— Eh bien ! moi j'y suis *itou*. — Donc, voilà la chose :

Et Jean-Louis commença son récit :

. . . .

. . . .

Victor Didier, de retour à Paris, après un séjour de deux mois en Franche-Comté, a bien voulu nous communiquer les notes de son voyage. — C'est grâce à elles que nous avons pu écrire ce livre.

Nous sommes donc tout simplement ici le collaborateur d'un vieux paysan du hameau de Cernay.

C'est cela, cher lecteur, que nous vous supplions de ne point oublier.

Si quelque chose vous déplait dans les pages que vous allez parcourir, dites-vous que la faute tout entière en doit être à Jean-Louis Legoux.

Si quelque chose, au contraire, trouve grâce à vos yeux, n'en attribuez le mérite, je vous prie, qu'au très-humble écrivain qui signe ce volume.

PREMIÈRE PARTIE

LA COMBE AU DIABLE

V

LE PROLOGUE DU DRAME.

C'était en l'année mil sept cent *nonante* deux, pour parler comme la complainte, et vers la fin de l'été.

Le vent dévastateur qui devait bientôt amonceler sur notre pauvre France les tempêtes de l'anarchie ne faisait point sentir encore dans les tranquilles solitudes du Jura ses sinistres avant-coureurs.

Le petit village de Cernay avait conservé intactes jusqu'alors les naïves traditions et les mœurs rustiques du bon vieux temps.

Heureux village ! le souffle empoisonné de la philosophie du xviiiᵉ siècle n'était point arrivé jusqu'à lui, et le plus lettré de ses habitants n'avait jamais entendu prononcer le nom d'Arouet de Voltaire, — ce démon, couronné de cynisme et d'orgueil, — ce roi des révolutionnaires, — cet évangéliste du chaos !...

Aussi, presque tous les paysans de Cernay étaient bons, parce qu'ils étaient simples; étaient honnêtes, parce qu'ils étaient primitifs.

La plupart du temps, en effet, les vices honteux qui dérivent de l'égoïsme et de l'envie ne marchent qu'à la remorque d'une demi-civilisation, sceptique et corrompue.

Le jour où commence cette histoire était jour de fête au hameau.

Pierrette Bonamy, l'une des plus jolies filles du pays, épousait son cousin Bernard, le plus beau garçon de Cernay et des alentours.

Pierrette avait dix-huit ans, — des yeux bleus et des cheveux blonds.

Bernard avait vingt-cinq ans, des yeux bruns et des cheveux noirs.

Tous les deux étaient riches, — riches d'amour, de courage et d'espérance, bien entendu.

Ils avaient reçu à midi la bénédiction nuptiale.

A une heure, un premier repas avait été servi aux parents et aux invités par la mère de Pierrette.

On devait ensuite se rendre, à la nuit tombante, chez Bernard, dont la maisonnette était située sur la lisière de la forêt.

Là, un copieux et joyeux souper serait offert par le jeune marié, et, après ce repas, les garçons et les jeunes filles danseraient jusqu'à minuit, au clair de lune, sur le gazon fin et doux qui s'étendait au pied des grands chênes comme un moelleux tapis de velours.

Ce séduisant programme était en bonne voie d'exécution.

La noce tout entière venait de se transporter au logis du marié.

Les filles avaient pavoisé d'énormes bouquets la porte de la chaumière de Bernard.

Les garçons avaient offert à Pierrette un gros mouton blanc, chamarré de rubans roses.

Trois ou quatre ménagères, court vêtues et les manches retroussées jusqu'aux coudes, surveillaient devant la gueule d'un petit four, construit en plein air avec des pierres sèches, l'importante cuisson des pièces de résistance.

La principale était un magnifique quartier de chevreuil.

Un coup de fusil de Bernard en avait fait les frais la veille.

Venaient ensuite un agneau tout entier, — deux ou trois jambons de porc frais, — des poulets en abondance et des perdrix à discrétion.

On voit que l'appétit des convives, si robuste fût-il d'ailleurs, ne pouvait manquer de trouver à se satisfaire, et que Gargantua lui-même, de colossale et gloutonne mémoire, n'eût point désavoué l'ordonnance de cet autre festin de Gamache.

La table était dressée à cent pas de la maison, sous les arbres.

Cette table consistait en une série de longues planches de sapin, clouées, pour la circonstance, sur des tréteaux improvisés.

Il n'y avait, bien entendu, point de nappe, mais au milieu, et en façon de *surtout*, s'élevait un grand vase de grès, rempli de fleurs, d'un effet pittoresque et charmant.

Quarante assiettes de faïence, et autant de gobelets de toutes les formes, indiquaient la place des convives.

De distance en distance, de petites cruches, pleines jusqu'au bord de vin fraîchement tiré, étaient disposées symétriquement.

Bernard, à demi fou de joie, — vêtu de neuf des pieds à la tête, et portant à la boutonnière, du côté gauche de sa veste, un bouquet gigantesque renoué de rubans blancs qui tombaient jusque sur ses souliers à boucles brillantes, — ne pouvait se tenir en place.

Il allait et venait, se remuait et s'agitait, tantôt donnant un coup d'œil aux apprêts du repas, tantôt pinçant l'oreille à quelque marmot, tantôt répondant à la plaisanterie fortement épicée d'un camarade, tantôt enfin s'approchant d'une façon mystérieuse et sournoise de sa jolie Pierrette, pour lui prendre un baiser furtif, lequel faisait pudiquement rougir la charmante mariée jusqu'au blanc de ses grands yeux bleus.

A côté de Pierrette, dont elle effeuillait distraitement le bouquet virginal, était assise une jeune fille qui formait au milieu de ses compagnes un contraste frappant.

Âgée de seize ans à peu près, cette jeune fille n'avait rien ni des formes robustes, ni de la bruyante gaieté des autres amies de la mariée.

Elle était belle plutôt que jolie.

Elle était pâle sous ses longs cheveux noirs, et le regard de ses prunelles sombres coulait avec une expression d'indéfinissable rêverie entre le double réseau de ses cils de velours.

Les formes que voilait le corsage de sa robe blanche affectaient la chaste sobriété de lignes et de contours des vierges de Raphaël.

Enfin, — et nous évoquons à dessein un type connu, pour *matérialiser* en quelque sorte notre pensée, — cette belle enfant ressemblait à la jeune fille créée par Ary Scheffer dans son tableau si poétique et si charmant : *Mignon regrettant sa patrie.*

Blanche (elle s'appelait ainsi) était la fille du plus riche et du plus important personnage de Cernay.

Maître Robert Chapelle, son père, n'était rien moins que l'intendant et le fondé de pouvoirs du comte Ferdinand de B..., seigneur de Cernay et autres lieux.

Or, le comte de B..., colonel de chevau-légers de Sa Majesté, passait sa vie à la cour et ne venait pas une fois tous les dix ans visiter ses domaines de Franche-Comté.

De là, la haute position sociale de maître Robert qui se trouvait, de fait et de droit, représenter le maître et seigneur.

Disons tout de suite qu'il se montrait bon prince, et s'humanisait jusqu'à frayer, sur un pied d'égalité protectrice, avec les vassaux et tenanciers du comte de B...

Robert était honnête homme, mais il était intendant, et, comme il n'est si honnête intendant, dit-on, qui, tout en faisant les affaires de son maître, ne fasse en même temps les siennes, Robert se trouvait à la tête de fort notables économies.

Nous aimons à croire qu'à l'endroit de ce pécule sa conscience ne lui reprochait rien.

Il était veuf et habitait avec sa fille une jolie maisonnette attenant aux dépendances du château.

Nous reviendrons bientôt à lui.

—

Le crépuscule succédait au jour, — la nuit descendait rapidement, une nuit tiède et constellée d'étoiles, comme si la déesse des ombres avait semé sur son manteau tous les diamants de son écrin.

La nature, rafraîchie par une brise bienfaisante, se reposait dans un calme sommeil.

Les oiseaux s'endormaient sous les feuilles, — les grillons s'endormaient sous l'herbe, et l'on n'entendait au loin que la plainte mélancolique et douce de la grenouille des marais.

C'était l'heure du souper pour les convives de Bernard, qui venaient en effet de se mettre à table.

Une douzaine de torches résineuses, attachées aux troncs des arbres, répandaient sur la salle de verdure une lueur rougeâtre et étincelante, et faisaient luire dans l'ombre profonde des clartés soudaines et des éclairs capricieux.

Déjà les longs couteaux s'enfonçaient dans les viandes rôties, cuites à point et ruisselantes d'un jus savoureux.

Les fourchettes fonctionnaient vigoureusement, — les assiettes se tendaient et se remplissaient, — les cruches se vidaient, — les verres se heurtaient, — les têtes s'exaltaient, —

l'entrain débordait; — on riait, — on chantait, — on parlait à la fois!

C'était beau!...

Il ne nous convient point d'entrer ici dans les détails des divers incidents du repas, qui fut long.

Il ne nous convient point de répéter un à un tous les couplets chantés avec accompagnement de couteaux, de fourchettes, et avec la reprise en chœur.

Il ne nous convient pas davantage de sténographier ici les lazzi, hauts en goût, et les plaisanteries fortement colorées qui se croisaient et s'entre-choquaient.

Les paysans, alors même qu'ils ne sont nullement immoraux, corsent leur langage d'une foule d'épithètes malsonnantes, et (surtout les jours de noces) d'une collection d'équivoques *badines* et de crudités hardies dont s'effaroucheraient à bon droit nos lecteurs.

Disons seulement qu'à vingt reprises différentes on porta la santé des nouveaux mariés, et même celle de leurs futurs enfants et petits-enfants jusque par-delà la septième génération.

Disons encore que le plus jeune des assistants, garçonnet de cinq à six ans, se glissa sous la table, selon l'usage antique et solennel, et s'empara triomphalement de la jarretière de la mariée.

Ladite jarretière, coupée en une infinité de petits morceaux, fut ensuite partagée entre les jeunes filles, qui, grâce à ce précieux et infaillible talisman, ne pouvaient manquer de se marier dans l'année... à moins cependant que les épouseurs ne se présentassent pas, ce qui arrivait quelquefois.

Mais qu'importe? l'espérance est une si belle chose!...

Tout se passait donc pour le mieux, dans le meilleur des mondes possibles et au plus animé des soupers de noces, quand un incident imprévu vint soudainement couper court à la gaieté et à l'expansion générales.

Bernard était debout.

Il venait de réclamer le silence.

Ses yeux pétillaient d'une double flamme, et de la main droite il tenait un gobelet rempli jusqu'aux bords, et même quelque peu au-delà.

Pour la vingt et unième fois, il allait porter la santé de sa Pierrette bien-aimée.

Tout à coup l'expression de ses traits changea.

Il reposa son gobelet sur la table et prêta l'oreille...

VI

ALERTE!

Bernard, —avons-nous dit, —reposa son gobelet sur la table et prêta l'oreille.

Tous les convives en firent autant.

Alors, on vit plus d'un front pâlir, et un vague frisson d'épouvante effleura l'épiderme des moins timides.

C'est qu'à travers le lointain silence des forêts venait de retentir un bruit indistinct, une clameur inconnue, dont l'étrangeté remuait l'âme et tordait douloureusement les fibres.

Ce n'était ni l'aboiement d'un chien, ni le hurlement d'une bête fauve.

Ce n'était point le piaulis monotone et lugubre d'un oiseau de nuit prenant son vol.

Ce n'était pas non plus le vagissement d'un enfant nouveau-né, ni le plaintif appel d'un voyageur égaré.

C'était un composé bizarre de tous ces bruits, de toutes ces notes.

Par instants, on eût dit une voix humaine qui bientôt se perdait dans un grondement sourd.

Cette voix semblait tantôt gémir et tantôt s'irriter.

Elle venait de loin, et ces accents mystérieux, brisés et entrecoupés par la distance, prenaient un caractère tellement effrayant et sinistre que l'impression d'involontaire effroi que nous avons signalée plus haut ne réagit pas seulement sur les hommes.

Un grand chien de berger, de cette race courageuse et indomptable qui ne recule devant aucun péril et semble, au contraire, les affronter avec une joyeuse ardeur, s'élança tout d'abord sur la lisière du taillis, et par deux fois aspira la brise du soir en dilatant ses naseaux d'un air effaré.

Puis il se roidit sur ses jarrets, étendit le cou, leva la tête, et, à plusieurs reprises, poussa ce gémissement lamentable des chiens qui *hurlent la mort.*

Ses yeux semblèrent ensuite s'agrandir et sortir de leur orbite; — il revint à son maître, entre les jambes duquel il se précipita, et là, les poils roidis, les flancs émus, il se mit à gratter convulsivement la terre avec ses griffes, — comme s'il eût voulu creuser un trou profond afin de s'y mieux cacher.

Cependant la clameur mystérieuse s'était éteinte par degrés.

On n'entendait plus rien, mais on écoutait encore.

Le silence des convives était si profond, que chacun tressaillait lorsque quelque phalène, attirée par la lueur des torches, venait, dans son vol tournoyant, heurter une feuille sèche ou se consumer à la flamme.

Cela dura cinq ou six minutes environ.

Au bout de ce temps, les poitrines oppressées se dégonflèrent peu à peu.

Chacun regarda son voisin.

Bernard, jetant les yeux sur Pierrette, qui trônait en face de lui à la place d'honneur, la vit pâle et tremblante.

Il voulut rendre aux jolies joues de sa femme leur brillant incarnat et à ses lèvres charmantes leur pourpre naturelle.

Il voulut ramener sur tous les fronts la gaieté disparue, et il s'écria :

— Ah çà, mes amis, mais nous sommes fous de nous regarder comme ça les uns les autres dans le blanc des yeux, au lieu de rire, de boire et de chanter comme tout à l'heure !
— Qu'est-ce que nous avons donc?

— N'as-tu pas entendu? — demanda quelqu'un.

— Si fait, pardieu !

— Eh bien?

— Eh bien! il me semble que parce qu'un chien aboie du côté de la *Combe au diable,* ça n'est pas une raison pour laisser ainsi son verre plein sur la table.

— Un chien ! — répéta, en hochant la tête, celui qui venait de parler, — où as-tu entendu des chiens aboyer de cette façon-là?

— Soit! — alors, c'était quelque renard en train de chasser un levraut.

— Ce n'était pas un renard non plus, crois-moi, Bernard !

— Que ce soit ce que ça voudra, répondit le jeune homme avec impatience, — chien, renard ou loup, peu importe ! — Ce qu'il y a de certain, n'est-ce pas, c'est que c'était un animal quelconque, et quand ce serait le sanglier de la *Chasse du diable* (1), quand ça serait en chair et en os le *Loup-Garou de la pierre qui tourne,* et même la *Vouivre* en personne, est-ce que nous devons avoir peur? — Mort de ma vie! avec de solides gaillards comme vous, mes amis, et avec la conscience nette d'un homme qui s'est confessé ce matin, bête ou démon, je ne crains personne!

Un murmure approbateur suivit ces paroles chaleureuses, qui remontaient évidemment le moral des convives.

---

(1) Animaux fantastiques qui ont pris une place importante dans les chroniques superstitieuses de la Franche-Comté.

Une nuance de carmin reparut sur les joues de la mariée, et un demi-sourire vint épanouir ses lèvres pâles.

Quelques mots furent échangés, à voix basse d'abord, puis plus haut.

Peu à peu les voix reprirent leur diapason naturel.

Les cruches circulèrent.

Les gobelets se remplirent et se vidèrent de nouveau.

Et enfin Bernard, ressaisissant son gobelet d'étain et se levant de nouveau pour le *toast* interrompu, vida sa vingt et unième rasade à la santé de la mariée; tous les verres vinrent se choquer contre le sien, avec un enthousiasme plus *indescriptible* que celui qu'on trouve officiellement consigné dans les colonnes de tous les *Moniteurs,* quel que soit d'ailleurs le gouvernement existant.

L'épreuve était décisive.

Les esprits se rassérénaient, et, malgré de fâcheux pronostics, il paraissait plus que probable que nul nuage ne viendrait troubler, pour Bernard et pour Pierrette, la riante sérénité du jour qui est le *plus beau de la vie...* du moins à ce que prétendent les vaudevillistes et les célibataires.

Le souper, joyeusement commencé, s'acheva donc joyeusement.

Les hommes mûrs et les vieillards auraient bien voulu le prolonger encore, car le vin frais et l'eau-de-vie couleur d'ambre avaient pour eux de puissants attraits.

Mais la danse réclamait les jeunes filles, dont les pieds, plus ou moins petits, frémissaient d'impatience dans leurs souliers à rudes semelles.

Ce que femme veut, Dieu le veut! — dit un proverbe vieux et sage.

Or, les femmes voulaient danser.

Les hommes prirent, — comme d'ailleurs ils le font presque toujours, — le parti de l'obéissance.

La salle de bal était à dix pas de la salle du festin, dans une clairière assez vaste, et là nature seule avait fait tous les frais de l'une comme de l'autre.

On avait eu soin seulement de débarrasser le sol des racines noueuses qui pouvaient embarrasser les jambes des danseuses, et des épines et des ronces qui devaient exposer à des accrocs malséants leurs mollets rebondis, hermétiquement emprisonnés dans les bas de coton bleu.

Bernard avait présidé lui-même aux apprêts de la fête; aussi rien n'y manquait.

L'ordonnance rustique de la salle de bal en plein air aurait pu faire honneur à un maître des cérémonies moins inhabile et surtout moins inexpérimenté que le jeune paysan.

Une sorte de banquette en bois de sapin occupait l'un des côtés de la clairière.

En face de cette banquette, quelques planches clouées sur deux tonneaux vides formaient une espèce d'estrade.

Une escabelle servait d'escalier pour y monter.

C'était la tribune de l'orchestre.

Les musiciens étaient au nombre de... deux — luxe inouï et presque sans précédent dans le village de Cernay!

L'un de ces musiciens, — Jean Leblanc, — vieil aveugle, — raclait du violon et jouissait, sans conteste et sans partage, du titre honorifique de ménétrier en chef du pays.

Depuis près de quarante ans, il avait assisté à toutes les noces et à tous les baptêmes...

On l'aimait, parce que, malgré sa cruelle infirmité, il était doux et bienveillant.

On le craignait, parce que la rumeur populaire l'accusait tout bas de *jeter des sorts* à ceux de qui il avait à se plaindre.

Peut-être Jean Leblanc avait-il contribué lui-même à propager cette croyance, pour s'assurer partout un accueil plus empressé.

Toujours est-il que, lorsqu'on faisait quelque allusion devant lui à ses talents en sorcellerie, il niait, mais faiblement, et en homme à qui il est indifférent qu'on sache ou non la vérité.

Son acolyte, pour la mémorable circonstance des noces de Bernard, était un jeune garçon de Cernay, qui avait été pendant deux ans aide-marmiton dans les cuisines de monseigneur le gouverneur de la Franche-Comté.

Mis à la porte pour avoir, à diverses reprises, notablement compromis par ses distractions et ses balourdises diverses préparations culinaires d'une haute valeur, il était revenu dans ses montagnes, pourvu d'une foule de petits talents d'agrément.

Ainsi, il exécutait sur le galoubet, d'une façon presque distincte, le fameux air : — *J'ai du bon tabac*, et l'air non moins célèbre de *Malbrough s'en va-t-en guerre*.

Bernard, frappé de ces dispositions précoces, et convaincu que le galoubet du jeune homme ferait le mieux du monde sa partie dans un orchestre, l'avait mis en réquisition incontinent.

Glorieux, comme il convient, de cette distinction flatteuse, le ci-devant marmiton se pavanait sur l'estrade et jouait sans désemparer : *J'ai du bon tabac*, tandis que le violon de l'aveugle indiquait, tant bien que mal, les figures d'une danse villageoise.

Aussitôt que retentit le premier de ces accords discordants, Bernard courut à Pierrette et voulut lui prendre la main pour ouvrir le bal avec elle.

Mais la jeune femme le repoussa doucement, en lui désignant Blanche du geste et du regard.

Les convenances exigeaient en effet que le marié servît de cavalier à la fille de maître Chapelle, puisque maître Chapelle et sa fille avaient daigné honorer de leur présence la noce de l'un des tenanciers du comte de B...

Bernard, contrarié, mais convaincu,—étouffa de son mieux un énorme soupir et se dirigea du côté de Blanche.

Cette dernière, un peu à l'écart, et debout, semblait s'isoler complètement au milieu du bruit qui l'entourait.

Ses grands yeux, d'un azur sombre et profond étaient levés vers le ciel et son beau regard, contemplant la lueur phosphorescente des étoiles de la voie lactée, avait une indéfinissable expression de poétique rêverie.

Évidemment l'âme de Blanche s'égarait dans les espaces, — son corps seul restait parmi les hommes, — sa pensée errait ailleurs.

Son profil doux et pur se colorait des reflets rayonnants d'un enthousiasme intérieur.

Elle était plus belle qu'une femme.

Elle était belle comme un ange.

Bernard s'approcha de la jeune fille, — nous le répétons, — et lui dit de sa voix la plus gracieuse, faisant ainsi contre fortune bon cœur :

— Voilà le père Jean Leblanc qui se démanche les bras sur son violon, mam'zelle Blanche, si ça vous convient, nous allons nous mettre en branle....

La fille de l'intendant ne sembla point entendre ces paroles.

Bernard lui toucha légèrement le coude, en répétant :

— Oui, mam'zelle, si ça vous convient...

Blanche tressaillit alors comme une personne qui s'éveille d'un rêve,

Elle promena son regard autour d'elle, et une imperceptible rougeur monta à ses joues et à son front.

Puis, rentrant aussitôt dans le sentiment de la vie réelle, et mettant sa petite main dans la main de Bernard, elle répondit :

— Quand vous voudrez.

Bernard conduisit sa danseuse au milieu de la clairière et commença les évolutions d'une sorte de *bourrée* montagnarde, dont le nom technique n'est point parvenu jusqu'à nous.

Blanche, toujours calme, toujours froide, toujours distraite

en apparence, reproduisit, comme son cavalier, les figures capricieuses de cette danse plus que rustique.

Chacun de ses mouvements était empreint d'une grâce adorable. — Légère, mais impassible, — indifférente, mais sans dédain, elle paraissait un être immatériel, revêtu pour une heure d'une forme terrestre, ou bien la fée des rochers et des bois, se mêlant par condescendance aux jeux grossiers des enfants des hommes.

Après la dernière figure, qui se terminait par un baiser auquel Blanche tendit machinalement son front que Bernard trouva glacé sous ses lèvres, la fille de maître Chapelle retourna s'asseoir à l'extrémité de l'une des banquettes, s'isolant autant que possible, et arrachant un à un les pétales d'une petite fleur qu'elle venait de cueillir à ses pieds.

L'heureux Bernard put enfin en ce moment s'emparer de sa Pierrette, et l'accaparer à lui tout seul.

La danse reprit alors, — la véritable danse, — vive, — animée, — bruyante, — coupée de chansons et d'éclats de rire.

Garçons et filles se trémoussaient à qui mieux mieux. — Le sol tremblait sous les pieds lourds et massifs qui le frappaient, avec ou sans cadence, — la sueur coulait sur tous les fronts, — les poitrines étaient haletantes, — les gosiers desséchés.

Bref, on s'amusait énormément.

Que faisaient pendant ce temps Bernard et Pierrette — les héros de la fête?

Après la onzième *bourrée*, ils avaient disparu?

Où étaient-ils?

Nous allons le savoir.

Le jeune marié, profitant de la commune allégresse qui ne permettait pas de s'occuper de lui, avait doucement entraîné sa femme du côté d'un étroit sentier, lequel, aboutissant à la clairière, s'enfonçait dans les profondeurs de la forêt.

Là, marchant l'un près de l'autre, les mains enlacées, les cœurs pleins d'émotion, ces deux amants, devenus époux, avaient commencé une causerie d'amoureux, une de ces causeries dont le thème inépuisable n'a qu'un seul mot : *Je t'aime!* mot répété sous toutes les formes et brodé d'harmonieuses fioritures, toujours les mêmes, et cependant toujours nouvelles.

Ils allaient, — bravant sans effroi les insondables ténèbres qui s'entr'ouvraient devant eux, — ils allaient, les pieds dans l'herbe, écartant du front les menues branches, qui semblaient les caresser doucement.

A chaque pas ils s'éloignaient du lieu de la réunion.

Déjà les bruyants éclats et les rires joyeux des conviés de la noce n'arrivaient plus à leurs oreilles que comme un murmure indistinct...

VII

LA NUIT DES NOCES.

Une demi-heure s'était écoulée depuis la disparition de Bernard et de Pierrette.

Au délire étourdissant de la joie et du plaisir succédait la réaction, c'est-à-dire la fatigue.

Les tibias épuisés refusaient le service!

Les rigodons se voyaient désertés!...

Alors, seulement alors, on commença à s'apercevoir de l'absence des deux époux.

— Où sont-ils? — se demanda-t-on.

Les vieillards sourirent malignement et murmurèrent :

— Ah! les gaillards!

Les jeunes filles baissèrent les yeux, en rougissant à demi, et ne dirent rien.

Mais nous avons tout lieu de supposer qu'elles n'en pensèrent pas moins.

Quant aux jeunes gens, ils s'écrièrent tout d'une voix :

— Bien sûr qu'ils sont dans la maison de Bernard! — Allons les chercher! — Il faudra bien qu'ils reviennent! — Nous n'avons pas encore donné *la rôtie* à la mariée!—S'ils ne veulent pas se remontrer, nous leur ferons *charivari* (1)!

— C'est ça! c'est ça! — reprirent tous les assistants, qui adoptaient avec transport l'idée de ce divertissement nouveau, — *charivari! charivari!*...

Ainsi encouragés, les garçons de noce poussèrent un *hourra* formidable et envahirent bruyamment la maisonnette de Bernard.

Nous savons déjà que leur recherche devait être vaine.

Ils ressortirent en effet fort désappointés au bout d'un instant, après avoir inutilement fouillé tous les coins et tous les recoins de l'humble chaumière.

— Où diable se cachent-ils donc? — demanda à haute voix le meneur de la bande.

— Je le sais bien, moi, da! — répondit un petit garçon de cinq à six ans, cousin de la mariée.

— Tu le sais, Jacquot?

— Dame! oui.

— Eh bien, dis-le.

— Quoique tu me donneras *en pour*, si je le dis, Jean-Pierre?

— Un beau sou, tout neuf.

— Fais voir.

— Tiens, morveux!

L'enfant empocha le sou et dit, en désignant du doigt l'entrée sombre du sentier : .

— Ils sont là.

— Dans le bois?

— Dame! oui.

Jacquot semblait de bonne foi; — on le crut sur parole, et comme les conviés aimaient mieux se remettre à danser et à boire que d'aller fouiller la forêt, on se décida à laisser Bernard et Pierrette se promener tant qu'ils le voudraient, en se réservant, bien entendu, de les plaisanter à outrance, un peu plus tard, au sujet de leur fugue *amoroso-conjugale*.

Dans la vie réelle, hélas! comme dans le théâtre des grands maîtres, le drame qui sanglote coudoie à chaque instant la comédie qui rit.

Le monde est rempli de frappantes oppositions, qui passent inaperçues, tant l'esprit de l'homme est léger.

Ainsi, dans la maison, un enfant naît près d'un vieillard qui meurt; — la voiture qui conduit au bal une jeune femme, belle et parée, se croise avec le corbillard qui mène un cercueil à l'église. — Partout les larmes à côté de la joie.

Ces réflexions ne sont pas neuves, — comme eût dit Bilboquet, d'homérique mémoire, — mais elles ne sont pas consolantes!

Cependant ce n'est pas sans motifs, ainsi qu'on va le voir, que nous avons cru devoir leur donner place dans ce récit.

Voici ce qui se passait dans la clairière du bois de Cernay:

Jean Robert, le ménétrier aveugle, réconforté par de quadruples libations, promenait de nouveau son archet sur les cordes détendues de son violon criard.

Le jeune *gas* qui le secondait évoquait les plaintifs *canards* de la romance de *Malbrough*.

(1) Il était d'usage, en Franche-Comté, dans les classes populaires, de donner un *charivari* aux jeunes mariés, quand ces derniers jugeaient convenable de s'enfermer de trop bonne heure dans la chambre nuptiale. — Ce *charivari*, très-bruyant, mais parfaitement inoffensif, n'était jamais, ou du moins presque jamais, pris en mauvaise part.

Filles et garçons rentraient en branle.

Une voix émue, la voix d'un vieillard, cria tout à coup :

— Silence!

Pour la seconde fois, on entendait retentir dans la forêt cette horrible clameur dont nous avons déjà parlé.

Mais elle s'était rapprochée, — elle était devenue nette et distincte, et les cheveux se hérissaient d'épouvante à l'audition de ces lugubres accents.

Un grand péril était voisin. — Le plus terrible, le plus effrayant des périls, — le péril inconnu!

Disons-le à la louange des bons paysans franc-comtois, une commune pensée d'angoisse, où l'égoïsme n'avait point de part, les mordit au cœur en même temps.

Tous se précipitèrent à l'entrée du sentier et crièrent ensemble :

— Bernard! Pierrette! — revenez! revenez!

Cet appel, répercuté dix fois par les échos des alentours, s'éteignit sans réponse.

Il y eut alors une minute de silence profond.

Ce silence fut interrompu d'une façon sinistre.

Un nouveau cri, — un seul, — s'éleva du fond des bois, mais cette fois c'était une clameur humaine, — déchirante, désespérée, — la clameur de la torture, — celle de l'agonie..

Puis, plus rien.

Les assistants, agenouillés, priaient Dieu.

Le chien de berger s'était remis à *hurler à la mort*.

Blanche venait de s'évanouir.

Et enfin, une vieille femme, à demi folle de désespoir et ses cheveux blancs épars, se frappait la poitrine en criant :

— Ma fille!... ma fille!... — où est ma fille? ma fille est morte! morte! morte!

C'était la mère de Pierrette.

§

Cependant, après la première crise de stupeur et d'effroi, on comprit qu'il fallait agir.

Chacun devinait un malheur, mais personne n'avait la certitude que ce malheur fût complet et irréparable.

Il fut aussitôt décidé que le seul parti à prendre était de faire une battue dans la forêt.

Plus d'un cœur se serra d'épouvante.

Mais l'attachement qu'on portait au jeune couple l'emporta sur la peur, — personne n'eut le courage de la lâcheté; — personne ne recula.

On entra d'abord dans la maisonnette de Bernard, on y prit tout ce qui pouvait servir d'armes, soit offensives, soit défensives.

L'un s'empara de la carabine du jeune homme, et ce fut le mieux partagé.

L'autre fit main-basse sur un couteau de chasse au manche grossier, mais à la lame fine et bien trempée.

A celui-ci échut un long bâton noueux; à celui-là une faucille.

Le reste se partagea les fléaux et les fourches trouvés dans la grange et dans l'écurie.

Les femmes se réfugièrent dans l'intérieur de la maison, où, non contentes de s'enfermer, elles se barricadèrent.

Les hommes, équipés ainsi que nous venons de le dire, allumèrent des torches résineuses, semblables à celles qui avaient éclairé le festin et le bal, et se rangèrent en ordre de bataille.

Puis, ils s'enfoncèrent trois par trois dans les taillis, en convenant de pousser toutes les cinq minutes un cri de ralliement et de se trouver au bout d'une heure en un lieu convenu.

L'endroit désigné fut une source d'eau vive, située à une lieue environ, et nommée : *Fontaine aux Merles*.

La battue commença.

Ses premiers résultats furent négatifs.—Les chercheurs ne trouvaient rien.

A peine ceux qui formaient l'escouade du m lieu parvenaient-ils, en abaissant leurs flambeaux jusqu'à terre, à distinguer des traces de pas sur l'herbe fraîchement foulée.

Les ténèbres étaient compactes et coupées seulement par les feux rougeâtres des torches.

Le silence n'était interrompu que par le mot d'ordre des paysans, jeté à des intervalles égaux

— Oh hé! garez-vous!

Enfin, un fait significatif vint prouver que c'était bien en suivant le sentier désigné par le petit Jacquot que les mariés avaient disparu.

Un des rubans blancs de la boutonnière de Bernard flottait à l'extrémité d'une branche épineuse qui s'en était emparée au passage...

Ce demi-résultat redoubla l'ardeur des jeunes gens.

— Par ici! mes gas! par ici! — crièrent-ils à leurs compagnons.

Et bientôt les diverses escouades se trouvèrent réunies dans le sentier fatal.

La troupe se remit alors en marche avec une lenteur sage et une circonspection prudente.

Beaucoup tremblaient, mais tous faisaient bonne contenance.

Tout à coup, le garçon qui tenait la tête de la bande s'arrêta brusquement.

Ceux qui venaient derrière lui reculèrent.

On était arrivé en un lieu où les indices de la catastrophe commençaient à se manifester clairement.

Le sentier, large de quatre ou cinq pas en cet endroit, offrait des traces d'une lutte violente et désespérée.

La mousse et l'herbe étaient broyées par des piétinements convulsifs.

On voyait par terre un petit arbuste arraché du sol avec ses racines, sans doute pour s'en faire une arme contre la mort.

Cet arbuste, brisé à demi, était couvert de sang et d'écume à l'une de ses extrémités.

Un peu plus loin gisait le bouquet virginal de la pauvre Pierrette!

Tout à coup commençait une trace de sang, parfaitement visible sur les herbes foulées et sur les feuilles sèches et jaunies.

On suivit cette trace, et l'on arriva bien vite, avec elle, à une trouée assez large faite dans le plus épais du fourré.

On eût dit qu'un sanglier de taille énorme venait de passer par là pour regagner sa bauge.

La trace sanglante qui servait de guide aux paysans s'enfonçait dans la trouée, et les racines noueuses gardaient, ainsi que les ronces et les épines, des débris de vêtements et des lambeaux de chair.

Les cœurs battaient à rompre les poitrines.

Les visages étaient pâles, — les regards indécis et effarés.

Plusieurs se disaient tout bas que pousser plus loin l'entreprise commencée était de beaucoup au-dessus des forces humaines.

Sans la crainte de retraverser de nouveau les solitudes de la forêt, quelques-uns eussent pris la fuite.

On forma le cercle et on tint conseil.

— Jésus! Marie! — dit alors un vieux paysan en se signant dévotement et à trois reprises, — m'est avis que nous n'ayons rien de bon à faire ici, mes compères...

— Et pourquoi donc ça, Gérôme? — demanda vivement un jeune homme.

— Pourquoi, mon gas?

— Oui, pourquoi?

— Ah dame! parce que...

— Ce n'est pas répondre, ça, Gérôme.

— Eh bien, puisqu'il faut te dire le fin du fin, fais donc un peu attention où nous sommes, Guillaume!

— Nous sommes dans le bois de La Roche, je le sais pardine bien.

— Et tu ne comprends point?

— Non.

— Au bout du sentier, à trois cents pas approchant, qu'est-ce qu'il y a?

— La Fontaine aux Merles.

— Bon! — Et à notre gauche, à quatre portées de fusil?

— La Combe au Diable.

— Jésus, Marie! reprit le vieillard en se signant de nouveau, — ça fait frémir d'entendre prononcer comme ça ce nom-là dans un endroit pareil. — Mais, malheureux, songe donc que la trouée que voici va tout droit à la Combe au Diable!... — Songe que la Combe est un lieu maudit; — que les bêtes sauvages elles-mêmes en ont peur; — que jamais, de mémoire d'homme, on n'a vu ni un loup, ni un sanglier, ni un renard s'y établir, ni même en approcher! Songe donc à tout cela, et que puisque c'est par là que Bernard et sa Pierrette ont disparu, l'est aussi clair que le jour que nous avons affaire en ce moment aux démons et aux esprits malins, et qu'il nous arrivera malheur à tous, si nous voulons nous mêler de ça plus longtemps.

Presque tous les assistants, profondément impressionnés par ces paroles et se trouvant sous le coup d'une terreur superstitieuse, exprimèrent leur adhésion par un signe de tête.

Mais ce n'était point là l'affaire de Guillaume, qui n'avait pu contenir ses exclamations et ses trépignements, tandis que parlait Gérôme.

— Ah! c'est ça votre avis! — s'écria-t-il.

— Oui! — oui! — répondirent plusieurs voix.

— Alors, faites bien attention à ce que je vas vous dire, mes garçons, et ça sans mordre ma langue, et sans mâcher mes mots : — Vous n'êtes tous qu'un tas de rien-du-tout et de poules mouillées! et je dirai à vos femmes, en rentrant au village, de pendre des torchons au fond de vos culottes!

Un violent murmure accueillit cet exorde énergique.

— Oui, de par tous les diables! — continua Guillaume, — c'est lâche comme tout, ce que vous voulez faire. — Comment, il y a une heure à peine que vous étiez assis à la table de Bernard et de sa pauvre petite femme. — Vous mangiez leur pain; — vous buviez leur vin. — Vous criiez à tue-tête : — Vive Bernard! Vive Pierrette! — Et voilà qu'à présent vous reculeriez quand ils ont besoin de nous... Vous tourneriez les talons quand nous pourrons peut-être encore les sauver. Ah! vous n'y pensez pas, mes compères, vous n'y pensez pas!...

— Les sauver! — murmura Gérôme, — impossible!

— Qui sait!

— Les griffes du diable sont solides, et quand elles tiennent un chrétien elles ne le lâchent point, mon gas.

— Le diable, le diable! eh! qui vous parle du diable! j'ai de la religion, tout comme vous, moi, et de la vraie. Mais jamais, au grand jamais, vous ne me mettrez dans la tête que le diable ait quitté ses rôtissoires tout exprès pour venir faire du tort à deux pauvres jeunes gens, mariés d'ce matin, et qu'il n'avaient point fait de mal. Le bon Dieu, qui est très-bon, ne permettrait certainement pas une chose pareille, croyez ça, mes compères!...

— Cependant... dit Gérôme.

Guillaume l'interrompit de nouveau.

— Il n'y a pas de : cependant! — reprit-il; — vous disiez tout à l'heure que nous ne pourrions pas les sauver, — c'est possible tout même, par malheur; — mais au moins nous n'aurons pas la honte de ne pas l'avoir essayé.

— Mais au moins, — murmura le vieillard obstiné, — allons chercher monsieur le curé au village; il viendra avec l'ostensoir et il dira des paroles pour éloigner les mauvais esprits...

— C'est ça! — s'écria Guillaume, — et pendant le temps que nous mettrons à aller et à revenir, le dernier espoir aura disparu. — Ça ne se peut, mes compères, marchons tout de suite à la *Combe au Diable*! — Nous n'avons déjà que trop hésité ! — Me suivra qui voudra, et si, personne ne veut venir, eh bien, j'irai tout seul.

Cette généreuse audace électrisa quelques jeunes gens qui répondirent résolument, quoiqu'avec un certain tremblement dans la voix :

— Nous t'accompagnerons, Guillaume...

— Alors, en route !

— Ça va.

— Combien sommes-nous?

Les jeunes gens se comptèrent.

Ils étaient huit, y compris Guillaume.

— Je passe le premier avec la carabine, — dit ce dernier; — recommandons notre âme au bon Dieu, mes *gas*, et marchons !

— Nous allons vous attendre ici, — fit Gérôme.

— C'est bon. Gardez les torches, nous mettrions le feu au bois, si nous les emportions dans le fourré.

Tout en prononçant ces paroles, Guillaume se courbait à demi et pénétrait dans la voie épineuse et sombre qui s'ouvrait devant ses pas, à travers les taillis.

Ses compagnons imitèrent son exemple et le suivirent résolûment.

C'était un travail pénible et difficile que de marcher dans la *trouée* étroite et sombre qui, selon toute apparence, devait aboutir à la *Combe au Diable*.

En bien des endroits les branches flexibles, un moment écartées, avaient repris leur place et il fallait lutter contre des obstacles sans cesse renaissants.

Ailleurs, il était nécessaire de ramper à plat ventre, pour franchir des passages obstrués.

Partout enfin, les épines et les ronces déchiraient les vêtements et ensanglantaient le visage et les mains.

Cependant Guillaume et sa petite troupe avançaient toujours.

De minute en minute ils s'arrêtaient, haletants, et prêtaient l'oreille, espérant saisir au passage quelque bruit, si faible fût-il, — quelque indice passager, — un gémissement, un murmure, un soupir.

Mais l'écho du bois restait muet.

Au bout d'une demi-heure à peu près, les jeunes gens arrivèrent sur les bords de la *Combe*.

VIII

LE REPAIRE.

Dans plusieurs provinces de France, et notamment en Franche-Comté, on appelle *combes* de profonds enfoncements de terrain pratiqués au milieu de la campagne, soit par quelques bouleversements partiels du globe, soit par l'action incessante des eaux à une époque antérieure.

La *Combe au Diable* ne mentait pas à son nom. C'était un véritable abîme, assez semblable au cratère éteint d'un volcan refroidi.

Cet abîme, de forme circulaire, pouvait avoir trois cents pas de circonférence, sur une profondeur de quarante à cinquante pieds.

Les parois rocheuses étaient abruptes et taillées à pic, excepté d'un seul côté.

Tout au fond, au milieu d'énormes blocs de pierre et de broussailles verdoyantes, on apercevait le sombre orifice d'une grotte.

L'intérieur de cette grotte était inconnu, car, et ceci était un fait de notoriété publique, personne n'avait jamais eu la témérité folle de s'aventurer dans l'enceinte maudite.

Maudite! pourquoi?

On l'ignorait d'une façon complète; mais il fallait bien que cela fût cependant, puisque depuis des siècles, les habitants de Cernay et des hameaux voisins ne manquaient point de faire par trois fois le signe de la croix quand ils étaient forcés de passer auprès des bords de l'abîme, et, puisque les animaux eux-mêmes, dans leur pieux instinct, fuyaient la *Combe au Diable*, ainsi que nous l'avons entendu dire à Gérôme.

Guillaume et ses compagnons, nous le répétons, s'arrêtèrent au bord du gouffre.

Ils venaient de quitter les taillis, il n'y avait plus au-dessus de leurs têtes que la voûte du ciel, et la molle clarté des étoiles permettait au regard de s'enfoncer dans les noires profondeurs du gouffre.

— Ah çà! Guillaume, — dit alors un des jeunes gens, — sais-tu bien que...

Mais il n'eut pas le temps d'achever sa phrase.

Guillaume lui posa vivement la main sur l'épaule, et lui dit d'une voix étouffée :

— Chut!

Ce simple monosyllabe, et surtout la manière expressive dont il venait d'être prononcé, obtinrent un silence immédiat.

Guillaume se coucha tout de son long sur le sol, en ayant soin d'appliquer son oreille à l'une des nombreuses crevasses qui gerçaient la pierre sèche et durcie.

Au bout d'une seconde, il fit un geste brusque de surprise et d'effroi.

— Qu'y a-t-il? — demanda quelqu'un.

— Écoutez!... — répondit-il en se relevant.

Un des jeunes gens prit sa place et ne tarda point à la quitter à son tour en poussant un faible cri en répétant :

— Écoutez! — écoutez!

On entendait distinctement cet horrible bruit que produisent les mâchoires affamées d'une bête fauve, quand elles broient à la fois et la chair et les os de leur proie.

Guillaume ramassa une pierre et la jeta dans la *Combe*.

Ce projectile tomba sur une roche et s'y brisa en rebondissant.

Les broussailles qui tapissaient le fond du gouffre s'agitèrent, puis un sourd grondement répondit à l'acte agressif du jeune homme.

En même temps la voix de Guillaume cria :

— Regardez!

Tous se penchèrent, et l'on vit, au milieu des ténèbres opaques, briller dans l'abîme deux prunelles enflammées, rouges et rondes comme des charbons ardents.

— Jésus, Marie! — murmura quelqu'un, — c'est le diable!

— Non, — répliqua Guillaume, — c'est une bête monstrueuse, dont je ne puis deviner l'espèce, mais qui est à coup sûr le meurtrier de Bernard et de Pierrette. — Bazu et Picoret, mes *gas*, ajouta-t-il en s'adressant à deux de ses compagnons, vous allez m'écouter et faire ce que je vous dirai.

— Quoi c'est-il, Guillaume?

— Toi, Bazu, ramasse bien vite un gros tas d'épines, de brimborions, de fétus de paille, de mousse et de feuilles sèches, et fais-en un paquet très serré.

— Oui, Guillaume.

— Toi, Picoret, bats le briquet et allume de l'amadou, sitôt que Bazu aura fait son tas.

— Oui, Guillaume.

Les jeunes gens se mirent à l'œuvre, et au bout d'une minute le fagot était prêt et l'amadou brûlait lentement.

Guillaume introduisit l'amadou au milieu des matières inflammables.

Puis, il s'agenouilla à côté de ce foyer improvisé, et il attisa le feu de toutes les forces de sa puissante haleine.

Les étincelles se succédèrent, — une fumée épaisse et âcre s'éleva en tourbillonnant, et enfin un jet de flammes jaillit, vif et brillant.

Guillaume saisit alors le *brulôt* incendiaire et le précipita dans l'abîme.

Le courant d'air activa l'embrasement de la paille et des feuilles sèches, — une colonne de lumière rougeâtre illumina pendant un instant les parois de la *Combe au Diable*, et des centaines de chauves-souris s'envolèrent tout effarées.

En même temps, un second hurlement féroce et menaçant retentit, et un animal étrange, au pelage noir et hérissé, quittant avec lenteur un objet informe sur lequel il s'acharnait, disparut sous une anfractuosité du roc. — Guillaume saisit sa carabine et mit en joue rapidement. — Il était déjà trop tard.

Le feu s'éteignit presque aussitôt, mais ses clartés passagères avaient permis de distinguer vaguement, sur le versant opposé de l'abîme, une masse blanche et immobile qui semblait suspendue à des buissons épineux.

— Eh bien, mes *gas*, — dit Guillaume, au moment où les derniers reflets faisaient place aux ténèbres ; — eh bien, vous avez vu?

— Pardine !

— Et... qu'est-ce que vous dites?... — Croyez-vous encore que ça soit le diable?...

— Dame ! ça y ressemble, tout de même...

— Imbéciles ! vous ne reconnaissez donc pas un loup?

— Un loup !

— Sans doute.

— Un loup noir?...

— C'est rare ! je ne prétends point soutenir le contraire, cependant il paraît qu'il y en a...

— Dame ! ça se pourrait tout de même; dans tous les cas, je dis que l'affaire du pauvre Bernard est claire...

— J'en ai peur... C'est lui bien sûr que le loup était en train de dévorer. — C'est-il ça une fin pour la nuit des noces d'un brave garçon ! — *Misère humaine*, j'en ai la chair de poule !

— Mais qu'est-ce que ça peut bien être que ce corps blanc qui est là, en face, à mi-chemin du trou, et qu'on ne voit plus, à cette heure, à cause qu'il fait trop noir?

— Le corps de Pierrette, peut-être bien...

— Pauvre *petiote* ! — en voilà une, de jolie fille, qui n'aura pas été femme longtemps !

— Jésus ! Marie ! ça, c'est la vérité !

Pendant quelques minutes les exclamations plaintives se succédèrent et se croisèrent.

Chacun s'apitoyait sur le sort des malheureux jeunes gens, et tous les yeux étaient humides.

Guillaume interrompit ce concert lamentable.

— Il s'agit de décider ce que nous allons faire à présent, dit-il.

Personne ne répondit.

Guillaume, voyant qu'on ne rompait point le silence et qu'on semblait, par conséquent, s'en rapporter à lui, continua en ces termes :

— Je crois, mes *gas*, sauf meilleur avis, qu'il ne faut point songer à descendre maintenant dans la Combe, où on ne voit goutte...

— Ça, c'est sûr ! — dit une voix.

— Donc, allumons du feu, et restons ici, jusqu'au jour, à faire bonne garde. — Nous savons où est le repaire de la bête enragée, et il ne faut point qu'elle s'échappe...

— Ah ! Jésus ! Marie ! Non, il ne le faut point ! — appuya quelqu'un.

— Nous sommes huit, — poursuivit Guillaume, — que deux de nous s'en retournent au village pour chercher des fusils, chez tous ceux qui en ont et qu'ils les apportent ici. — Dans une heure et quart, une heure et demie au plus, ils pourront être revenus, et *sur le coup* du matin nous extermine-

rons le *Loup noir* ! — A propos, mes *gas*, apportez aussi des cordes, nous en aurons peut-être besoin.

— C'est bien parlé, tout de même, Guillaume, — fit un paysan ; — moi, je sais que *chez* mon oncle Loriot, *ils* ont un fusil qui est fameux, et je vais le quérir ; — il y en a *itou*, chez le grand Ficelle et chez Robinet, et encore chez Robert Chapelle, l'intendant de notre monsieur le comte ; — qui est-ce qui vient *d'avec* moi?

Un jeune homme s'offrit aussitôt, et les deux compagnons se mirent en route.

. . . .

IX

LE TRAQUÉ.

Bien longtemps avant l'aube du jour, les jeunes paysans étaient de retour avec des armes.

Presque tous les habitants de Cernay, instruits par eux de l'épouvantable catastrophe de la nuit, les avaient précédés ou accompagnés et formaient un cercle vivant autour de la *Combe au Diable*.

Un sentiment d'indéfinissable angoisse étreignait les cœurs ; — personne ne parlait ; — les visages étaient graves et sombres ; — la plupart des assistants roulaient entre leurs doigts les grains massifs de lourds chapelets à médailles de plomb.

Enfin une ligne pâle vint rayer à l'orient le sombre manteau de la nuit.

Les herbes se couvrirent de rosée, les oiseaux s'éveillèrent ; — le crépuscule succédait aux ténèbres.

Aussitôt que les clartés encore indécises de l'aurore permirent de distinguer les objets, on revit, au versant du gouffre, la même forme blanche qui déjà, deux heures auparavant, avait attiré l'attention des guetteurs.

Guillaume se dirigea de ce côté, et, descendant dans l'abîme à l'aide des broussailles et des lianes, mais en risquant de se briser cent fois si quelque ronce venait à céder sous sa main, ou quelque pierre roulante à glisser sous son pied, il parvint à proximité de la forme blanche.

— Ah ! Seigneur, mon Dieu ! — s'écria-t-il, — Seigneur, mon Dieu, c'est-il, en vérité, possible?

— Quoi? — quoi donc? — demandèrent, avec une anxiété profonde, les paysans restés en haut.

— C'est elle, — c'est Pierrette ! — répondit Guillaume. — Allons, mes gas, descendez des cordes, vite ! vite !

On s'empressa de faire glisser jusqu'à Guillaume un énorme cordage, terminé par un nœud coulant, que le jeune homme s'attacha solidement autour des reins ; puis, prenant dans ses bras le corps inanimé de la jeune femme, il donna le signal.

Vingt bras robustes hissèrent aussitôt le câble, et, l'instant d'après, Guillaume se trouvait sur la terre ferme avec son fardeau.

A peine la pauvre Pierrette était-elle déposée sur une couche de feuilles sèches rassemblées à la hâte, que déjà chacun s'empressait autour d'elle avec des marques non équivoques d'une douloureuse et profonde sympathie.

Par un hasard étrange, le visage de la jeune femme ne portait les traces d'aucune déchirure.

Ses joues étaient pâles et blanches comme de la cire vierge.

— Ses paupières étaient fermées, et ses lèvres, jadis si roses, étaient bleuâtres et violettes.

Ses beaux cheveux blonds, dénoués et souillés, flottaient épars autour de sa tête charmante.

Le désordre de ses vêtements était effrayant.

Une énorme tache rouge maculait tout un des côtés de sa robe en lambeaux, et l'on voyait à son corsage les blessures profondes et encore saignantes faites par les crocs de la bête fauve qui l'avait apportée jusque-là.

Ses pieds et ses mains étaient glacés, — son cœur ne battait plus, — aucun souffle ne s'exhalait de ses lèvres entr'ouvertes.

Elle était morte, sans doute.

Cependant quelques femmes, de celles qui avaient été assez courageuses pour suivre leurs maris ou leurs fils, portèrent le corps à l'écart, déchirèrent le corsage de la robe, lavèrent les blessures et frottèrent d'eau-de-vie les tempes et les mains de Pierrette.

Mais tout cela fut sans résultat.

Tandis que les dignes villageoises agissaient ainsi charitablement, une dizaine de garçons, Guillaume en tête, armés de carabines et de fusils prêts à faire feu, descendirent dans la *Combe* en suivant les sinuosités d'un étroit ravin creusé sur le versant par la chute des eaux dans la saison pluvieuse.

C'était par là seulement que le gouffre s'était abordable.

A cette même place où le loup noir s'était acharné sur sa proie, ils trouvèrent un amas informe de chairs meurtries et sanglantes, — de vêtements lacérés, — d'ossements humains rongés à demi.

C'était tout ce qui restait de Bernard !

Ces tristes et hideux débris furent rassemblés dans un drap de grosse toile ; — on les remonta jusqu'aux bords du gouffre ; — deux paysans les placèrent sur une *civière* formée de branches d'arbres, et les transportèrent au village où les derniers honneurs devaient leur être rendus, avant qu'on ne les ensevelit en terre sainte.

Restait à débarrasser la contrée du fléau qui venait de l'assaillir, restait à venger le malheureux Bernard !

Guillaume s'aventura le premier sous la voûte obscure de la caverne dans laquelle avait disparu le loup noir.

Cette caverne était profonde et basse ; à cinquante pieds, environ, de son entrée, les ténèbres l'envahissaient.

On alluma des torches, et la petite troupe s'enfonça dans la voie souterraine ouverte devant elle.

Nul bruit ne se faisait entendre.

Seulement, sur le sable blanc qui couvrait le sol, on voyait distinctement l'empreinte des pattes ensanglantées du monstre.

Tout d'un coup Guillaume, qui marchait en tête, fut contraint de s'arrêter.

La voûte s'abaissait brusquement en laissant voir une excavation si étroite et si basse qu'un enfant de dix ans n'aurait pu y tenir debout.

Il ne fallait pas songer à aller plus loin.

L'impossibilité de se servir des armes aurait livré sans défense à la bête féroce les imprudents qui auraient voulu continuer, en rampant, leur excursion.

Mais Guillaume pensa tout aussitôt au moyen qu'employaient avec succès les chasseurs pour débusquer de leurs terriers les renards et les blaireaux.

Il envoya couper une grande quantité de broussailles qui furent amoncelées dans le fond de la caverne, et auxquelles on mit le feu.

Les jeunes gens se postèrent debout, à vingt pas de là, sur une seule ligne, la crosse de leurs fusils appuyée à l'épaule et le doigt sur la détente.

Une fumée épaisse remplit bientôt la grotte et les força d'en sortir.

Ils reprirent position à côté de l'ouverture et attendirent de nouveau.

Rien ne parut.

Cela tenait du prodige ; car, si profonde que fût l'excavation souterraine, il était évident que la fumée devait l'envahir à la longue et chasser de son repaire la bête fauve qui l'habite !

Une heure s'écoula.

Après les fatigues et les émotions de la nuit, la faim commençait à se faire vigoureusement sentir.

Quatre paysans restèrent en faction dans la *Combe*, et les autres quittèrent momentanément l'abîme, afin d'aller prendre un peu de nourriture.

Une étrange surprise les attendait en haut.

X

PIERRETTE.

Les villageois restés sur le bord de la Combe se pressaient autour de l'endroit où on avait déposé le corps de Pierrette.

Par un motif encore inconnu, tous gardaient un strict silence, mais leurs gestes précipités et la rayonnante expression de leurs visages semblaient annoncer qu'ils se trouvaient sous l'empire d'un sentiment joyeux.

Guillaume s'approcha du cercle et ses traits s'animèrent aussitôt.

Voici ce qui se passait :

Après un évanouissement si prolongé et si profond qu'il offrait tous les caractères de la mort, Pierrette avait fait un léger mouvement.

Une imperceptible rougeur était venue nuancer la livide pâleur de ses joues.

A deux reprises différentes, sa poitrine s'était soulevée et un gémissement indistinct, ou plutôt un soupir, s'était échappé de ses lèvres.

Une sorte de crise nerveuse, manifestée par le tressaillement de tous les membres, avait succédé à ces premiers symptômes de résurrection.

Puis, les grands yeux de la jeune femme s'étaient lentement ouverts, et, après avoir promené tout autour d'elle un regard vague et sans expression, elle avait fait un effort pour se soulever sur sa couche de feuilles.

Mais une douleur aiguë l'avait forcée de se laisser retomber en arrière en poussant un cri.

Deux des femmes qui l'entouraient se hâtèrent de la prendre dans leurs bras et de l'adosser au tronc d'un chêne.

Pierrette promena de nouveau sur le groupe des paysans un regard pâle et mort (si nous pouvons ainsi parler).

Ensuite elle porta la main à son côté, où saignaient encore de profondes blessures, et elle dit lentement de sa voix douce et mélodieuse :

— Il me semble que je souffre un peu...

Elle retira sa main et la regarda.

Ses doigts étaient couverts de sang.

— Qu'est-ce donc que cela ? — demanda-t-elle ; — on dirait du sang, et pourtant cela n'en est pas... Qu'est-ce donc ?

Et elle répéta :

— Il me semble que je souffre un peu...

Évidemment un nuage passager étendait son voile sur l'intelligence de Pierrette.

La jeune femme sembla réfléchir pendant un instant, puis elle écarta d'un geste machinal les longues mèches de cheveux blonds qui s'éparpillaient sur son visage, et elle murmura :

— Voici l'heure de me lever... il faut que je me hâte, mais je serai prête à temps, car c'est aujourd'hui que je me marie avec Bernard, avec Bernard que j'aime... oh ! que j'aime de tout mon cœur...

Durant quelques minutes, Pierrette baissa la tête sur sa poitrine, d'un air pensif et recueilli ; — ensuite elle se mit à

2 .

chanter, dans un mode lent et rustique mais gracieux et simple, le premier couplet d'une vieille chanson *patoise* qui peut se traduire ainsi :

> Quand l'alouette
> Chante au bon Dieu dans les sillons,
> Quand la fauvette
> Chante au nid de ses oisillons,
> Quand dans la nature
> Tout chante et murmure,
> Quand des eaux et des bois
> Chantent les douces voix,
> Dans mon âme s'élève
> Un chant doux comme un rêve,
> Et ce chant,
> Si touchant,
> Que j'entends nuit et jour,
> C'est le chant de l'amour !

Après avoir achevé ce couplet, dont les derniers vers se perdirent dans un murmure inarticulé, Pierrette fit un mouvement machinal comme si elle rejetait loin d'elle la couverture de son lit, et, malgré son état de faiblesse extrême, elle vint à bout de se dresser sur ses jambes.

Mais elle ne put se soutenir, et elle s'appuya contre un tronc d'arbre.

— Me voici prête enfin, — dit-elle alors en portant les deux mains à son front et en souriant joyeusement; — j'ai posé ma couronne. — Donnez-moi mon bouquet, ma mère. Dépêchez-vous, je vous en prie... Bernard va venir avec les garçons de la noce, et je voudrais ne pas le faire attendre...

Pierrette s'interrompit pendant une seconde, puis elle continua, en faisant le geste d'attacher des fleurs à son corsage :

— Merci, ma mère; voilà qui est fait! — Il peut arriver, je suis prête... — Bénissez-moi maintenant, ma mère, et réjouissez-vous... Je suis bien heureuse aujourd'hui, allez!... Monsieur le curé m'a dit hier que je serais une honnête femme parce que j'avais été une honnête fille!.. Oh! oui... je suis heureuse, bien heureuse .. — Mais pourquoi donc Bernard n'arrive-t-il pas, ma mère? Regardez comme le soleil monte; il est déjà tard et on nous attend à l'église. Ah! le voici... le voici... — enfin!

Pierrette voulut marcher en avant, mais ses jambes se dérobèrent sous elle, et elle tomba doucement agenouillée, en répétant tout bas, avec une sorte de religieuse extase :

> Quand dans la nature
> Tout chante et murmure,
> Quand des eaux et des bois
> Chantent les douces voix,
> Dans mon âme s'élève
> Un chant doux comme un rêve,
> Et ce chant,
> Si touchant,
> Que j'entends nuit et jour,
> C'est le chant de l'amour !

Depuis un instant, les visages des assistants s'étaient empreints de nouveau d'une morne tristesse.

C'est qu'il était malheureusement impossible de conserver une illusion sur le délire de Pierrette.

Ce n'était pas de la fièvre, — c'était de la folie.

— Ah! — dit Guillaume d'une voix sombre, — il vaudrait mieux qu'elle fût morte!

DEUXIÈME PARTIE

LE GARDE FRANÇAISE.

XI

COUP D'ŒIL EN ARRIÈRE.

Six mois s'étaient écoulés depuis la nuit fatale dont nous avons raconté les angoisses et les catastrophes dans la première partie de ce livre.

Pierrette, toujours folle, habitait avec sa mère la maisonnette du malheureux Bernard.

Là, elle passait sa vie à se bercer de souvenirs confus et d'espérances insensées.

Elle prenait sa robe de deuil pour un vêtement de noce.

Sa coiffe de veuve lui semblait une couronne de fiancée.

Pendant des journées entières, debout et immobile sur le seuil de sa porte, elle attendait l'époux qu'elle croyait absent.

Parfois, — durant de longues heures, — ses mains fluettes et amaigries tressaient avec des fleurs sauvages un bouquet virginal.

Alors, elle chantait lentement quelque refrain mélancolique et doux, et s'interrompait de temps à autre pour murmurer le nom de Bernard.

Mais parfois aussi, au milieu de la nuit, réveillée en sursaut par quelque rêve horrible, elle poussait des cris déchirants, s'élançait de sa couche et courait se réfugier dans les bras de sa mère qui pleurait.

Toute joie avait disparu du hameau de Cernay et des villages environnants.

Une sombre terreur pesait sur la contrée.

L'inquiétude se lisait dans les regards mornes des paysans et des montagnards.

Les travaux des champs étaient presque entièrement désertés.

Nul ne s'aventurait à quelque distance des habitations sans avoir un fusil sur l'épaule, ou quelque fourche bien acérée à la main.

C'est qu'en effet un fléau dévastateur était proche.

Le LOUP NOIR continuait ses sinistres exploits auxquels nous l'avons vu préluder.

Plus que jamais le bruit se répandait dans le pays qu'un démon avait revêtu cette horrible forme pour satisfaire à son gré ses instincts de destruction.

Les esprits forts eux-mêmes et les sceptiques des paroisses avoisinantes se persuadaient volontiers que la bête fauve était un *loup-garou* de la pire espèce.

Et les faits semblaient confirmer à l'envi ces croyances superstitieuses.

Rien ne se pouvait imaginer de plus étrange que les allures du loup noir.

Il semblait jouir du don de transformation et de celui d'ubiquité.

Le matin, on entendait retentir son hurlement hideux dans les bois de Cernay, aux alentours de la Combe au Diable, et, le soir, on apprenait que presqu'à la même heure une nouvelle victime avait été immolée par lui dans la montagne, à dix lieues de là.

De vastes battues, auxquelles venaient prendre part les habitants de cinq paroisses, avaient enfermé plus d'une fois le *Loup noir* dans un cercle de carabines et d'épieux.

Mais en vain ce cercle de fer allait se rétrécissant toujours et ne laissant point libre une issue assez vaste pour qu'un lièvre pût s'échapper sans être vu, entre les jambes des traqueurs.

Ces battues avaient été inutiles.

La bête ensorcelée n'avait jamais paru.

Tout en étendant ses ravages dans la contrée entière, le *Loup noir* semblait avoir adopté la *Combe au Diable* pour son *quartier général*. (Qu'on nous passe cette expression.)

Or, bien des fois, les garçons de Cernay se relayèrent l'arme au bras sur les bords de la Combe, durant deux ou trois nuits de suite, avec la certitude matérielle que le *Loup noir* venait de descendre dans le gouffre.

Peine inutile !

Des issues ignorées, des conduits souterrains aboutissaient sans doute au dehors depuis les profondeurs de l'abîme.

Toujours est-il que les hardis chasseurs ne furent pas plus heureux à chacune de ces tentatives, qu'ils ne l'avaient été la nuit des noces de Bernard et de Pierrette.

L'ennemi fut invisible pour eux.

Seulement, un jeune Bysontin, venu par hasard à Cernay et ne voulant point ajouter foi aux périls dont on lui parlait, s'étant obstiné à descendre seul au fond de la Combe, tandis que ses compagnons se penchaient à l'orifice et le suivaient d'un regard épouvanté, on vit tout à coup la bête monstrueuse bondir d'une anfractuosité du roc qui la cachait aux yeux, se ruer sur l'imprudent, le terrasser en une seconde et commencer son horrible repas.

Dix coups de feu partirent à la fois.

Mais la distance était énorme.

Le loup noir, à peine interrompu, se contenta de secouer les oreilles sous la grêle de balles qui rebondissaient sur son poil rude et touffu.

Aucun ne se sentit le courage d'affronter une mort à peu près certaine pour tenter d'arracher au monstre sa proie à demi rongée.

Les ossements dépouillés du malheureux voyageur restèrent dans la *Combe au Diable*.

Voilà où en étaient les choses au moment où nous reprenons le fil de ce véridique récit.

XI

MAITRE CHAPELLE.

Nous avons fait pressentir à nos lecteurs que maître Robert Chapelle, intendant du comte de B... et père de Blanche, cette ravissante enfant dont nous avons, un peu plus haut, esquissé le chaste profil, serait appelé à jouer dans cette histoire un rôle de quelque importance.

En effet, l'heure est venue de mettre en scène ce personnage quasi nouveau.

Maître Chapelle habitait, nous l'avons dit, une jolie petite maisonnette attenant aux dépendances du château.

Ce pavillon, construit d'ailleurs avec plus de solidité que d'élégance, s'adossait au mur d'enceinte du jardin potager.

Il avait deux issues, — l'une sur le jardin, — l'autre sur le village.

C'est de cette dernière que maître Chapelle faisait le plus fréquent usage.

Au rez-de-chaussée se trouvaient la cave, le fruitier et l'étable.

Le premier et unique étage avait été divisé en quatre pièces.

D'abord, une salle assez vaste dans laquelle on mangeait et où on se tenait habituellement. — Cette salle, chauffée pendant l'hiver par un énorme fourneau de fonte, portait le nom de *poêle*, nom générique en Franche-Comté.

Venaient ensuite une cuisine, puis la chambre de Blanche et celle de maître Chapelle.

Une grosse et lourde paysanne, qui servait de domestique au père et à la fille, couchait dans le grenier, où on lui avait pratiqué une sorte de niche.

Tous ces détails peuvent paraître fastidieux à nos lecteurs. Nous les prions cependant de croire qu'ils ne sont point sans but et sans utilité.

C'était au milieu de l'hiver, — vers la fin du mois de février.

Le *coucou*, à longue gaîne de bois peint, répétait au milieu du silence son *tic-tac* monotone et indiquait huit heures du soir.

La nuit était profonde.

Des rafales impétueuses précipitaient d'instant en instant contre les vitres des avalanches de neige et de givre.

Le *poêle*, bourré de bois sec, ronflait (1) vigoureusement. Maître Chapelle, assis dans un vieux et large fauteuil, chaudement enveloppé dans une douillette garnie de fourrure d'agneau, ayant à côté de lui une petite lampe, une pipe éteinte, et un grand verre encore rempli d'un mélange de genièvre, d'eau et de sucre, appuyait son coude sur la table, sa tête sur sa main, et semblait plongé dans de graves et profondes réflexions.

Cette apparence était trompeuse.

Maître Robert Chapelle ne réfléchissait pas, il dormait.

A ses pieds, presque sous le poêle, et par conséquent dans une chaleur de quarante degrés, un énorme chat blanc et jaune se prélassait voluptueusement.

A l'un des angles de la salle se voyait une table toute préparée, supportant trois assiettes, trois gobelets, trois couverts d'argent et deux bouteilles.

Un véritable arsenal garnissait la muraille.

Une demi-douzaine de fusils, en plus ou moins mauvais état, faisaient pendant à un fort remarquable assortiment de pertuisanes, d'épées à deux mains, de brettes rouillées et de pistolets de cavalerie.

Un mousqueton à rouet et des couteaux de chasse complétaient ce musée, qui devait faire véhémentement soupçonner chez maître Chapelle les instincts les plus belliqueux.

L'apparence du digne homme n'était cependant rien moins que propre à confirmer ces suppositions hasardées.

Petit et gros, — l'œil rond, — l'oreille rouge, — le teint fleuri et le nez constellé de rubis, — maître Chapelle, avec son crâne chauve et brillant et son abdomen difficilement contenu par les boucles de sa culotte, réalisait assez bien le type de ces joyeux mais pacifiques bourgmestres dont la peinture flamande a reproduit avec tant d'amour les têtes souriantes.

Sans être un physiologiste bien habile, on pouvait deviner au seul aspect de ce visage que la gourmandise et la sensualité devaient être les inclinations prédominantes de maître Chapelle.

Un civet de lièvre savamment épicé, ou un gobelet rempli de vin d'Arbois pouvaient exercer sur l'intendant d'irrésistibles séductions, mais, à coup sûr, l'aspect d'un péril devait effacer les vives couleurs de cette face vermillonnée.

---

(1) *Ronfler*, expression franc-comtoise qui donne une idée assez exacte du bruit que produit l'air violemment attiré par les flammes dans le tuyau étroit d'un poêle.

Maître Chapelle, en effet, ne brillait point par le courage. Nous le verrons bientôt à l'œuvre.

Il dormait, avons-nous dit, le coude appuyé sur la table et la tête appuyée sur sa main.

Ce calme sommeil fut interrompu subitement.

Une grosse fille, en *câline* d'indienne (1), en jupe de *futaine* à raies, et tenant de la main droite une longue cuiller de bois, fit dans la salle une bruyante irruption.

Ses lourds sabots ébranlaient le plancher. — Maître Chapelle se réveilla en sursaut.

— Eh! notre monsieur... — dit la fille.

— Quoi ?... — Qu'est-ce ?... Qu'y a-t-il ? — demanda l'intendant en se frottant les yeux.

— Il n'y a rien, notre monsieur, — répondit la servante, mais voilà tout de même que mon ragoût prend au fond de la casserole... — ça sentira le *brûlé* que ça sera une horreur!

— Quand donc c'est-il que vous voulez souper ?

— Et c'est pour ça que tu entres en tapant ces pieds à faire crouler la maison! — s'écria maître Chapelle. — Ah! butorde! — ah! pendarde! je ne sais qui me retient de prendre la mesure de ton échine avec ma canne à pomme d'ivoire!

Maître Chapelle ayant, en sa qualité d'intendant, fréquenté parfois des laquais de grande maison, s'était initié, comme on le voit par son langage, aux bonnes traditions.

La grosse servante ne s'épouvanta pas le moins du monde des menaces de son maître, et répondit avec le plus beau sang-froid :

— Ah! dame! — je ne savais point que vous dormiez, moi! — Tout de même, je m'en y vas ôter ma casserole de dessus le feu.

— Quelle heure est-il donc? — demanda l'intendant radouci.

— Huit heures et un petit bout de temps avec, au *coucou*, notre monsieur.

— Déjà!

— Dame! *voyez voir*...

— C'est juste. — Et Baptiste Médard, le fils de mon compère de La-Demie qui n'arrive pas, et qui devait être ici à sept heures...

— Dame! c'est drôle tout de même...

— Pourvu qu'il ne lui soit rien arrivé en route.

— Dites donc, notre monsieur...

— Quoi?

— Il a peut-être bien rencontré le *Loup noir*...

— Qu'est-ce que tu dis là, Mariolle... Qu'est-ce que tu dis là?

— Dame! on ne sait point...

— Ne parle pas du *Loup noir*, Mariolle; n'en parle jamais; — rien que d'y penser, vois-tu, ça me fait frémir de la tête aux pieds...

— Bien sûr que je n'en parlerai plus, notre monsieur... cependant...

— Chut! — interrompit l'intendant, — il me semble que j'entends quelque chose...

En effet, on pouvait distinguer dans la rue un bruit semblable à celui que produirait le petit trot inégal et saccadé d'un bidet des montagnes.

Puis ce bruit cessa et deux ou trois coups frappés contre la porte extérieure retentirent avec force.

Maître Chapelle ouvrit la fenêtre.

Un tourbillon de vent et de neige éteignit aussitôt la lampe.

Mariolle poussa un cri, et le chat blanc et jaune courut se réfugier dans la cuisine.

— Qui est là? — demanda l'intendant d'une voix émue.

— C'est moi, monsieur Chapelle, — répondit le visiteur.

— Vous?... Qui ça, vous?

— Baptiste Médard, le fils de votre compère de La-Demie.

(1) *Câline*, nom du bonnet des femmes en Franche-Comté.

J'arrive sur *Rossignol*, le petit bidet rouge à papa. — Ouvrez-moi vite, pour l'amour de Dieu, monsieur Chapelle, je suis gelé.

— J'y vais, mon jeune ami, j'y vais; — répliqua l'intendant en refermant la fenêtre.

Mariolle ralluma la lampe.

Maître Chapelle décrocha du mur un mousquet dont il visita soigneusement l'amorce.

Ensuite il croisa sa douillette, mit son arme sur l'épaule droite, et, précédé par la servante qui portait la lumière, il descendit bravement l'escalier et fit jouer les cinq ou six verrous qui fermaient la porte extérieure.

Ce luxe de verrous et de précautions, disons-le en passant, était pris contre le *Loup noir*.

— Par ici, mon jeune ami, par ici, — fit alors l'intendant; — tirez votre cheval par la bride, nous allons le mettre à l'étable.

Rossignol ne se fit point prier pour pénétrer dans la maison par un corridor qui cependant n'était point destiné aux visiteurs de son espèce, et l'instant d'après il s'installait confortablement devant une copieuse ration de foin, côte à côte avec la belle vache suisse, laquelle fournissait le lait quotidien aux habitants de la maison.

Maître Chapelle et son hôte remontèrent ensuite à l'étage supérieur.

Faisons, s'il vous plaît, connaissance avec le nouveau venu.

Baptiste Médard, unique rejeton de l'homme d'affaires du marquis de La-Demie, était un grand garçon de vingt et un à vingt-deux ans.

Son buste, démesurément long et fluet, reposait sur de hautes et maigres jambes, assez semblables aux pattes d'un héron.

La dimension exagérée de ses bras lui permettait d'attacher, sans se baisser, les rubans de ses jarretières.

Une petite tête, en forme de pain de sucre, s'ajustait disgracieusement à un cou gigantesque.

De gros yeux clignottants et d'un gris faux, — une bouche énorme, — un nez cassé en deux, jadis, par une chute, — des cheveux rares et tirant sur le roux, — tels étaient les principaux agréments du visage de Baptiste Médard.

Le costume que portait le jeune homme, au moment où nous le présentons à nos lecteurs, était très-propre à faire resplendir de tout leur éclat les avantages de ce séduisant physique.

Les mollets grêles, ou plutôt absents, ballottaient dans des bottes à entonnoirs qui montaient jusqu'aux genoux.

Des courroies de cuir écru, passant sur le coude-pied, fixaient aux talons de ces bottes des éperons sans molettes, en cuivre autrefois argenté.

Un justaucorps de drap gris de fer, — trop étroit et d'une forme antique, — ne parvenait point à rejoindre une culotte de même étoffe et de même couleur.

Sur l'épaule gauche flottait un nœud de ruban, d'une couleur indescriptible, mais qui peut-être avait été vert.

Un chapeau à la Louis XIII, c'est-à-dire en feutre gris, à larges bords, avachi et déformé par la pluie et le soleil, tombait sur les yeux de Baptiste.

Enfin, et pour achever ce portrait, le jeune homme portait à sa ceinture une paire de pistolets, et un grand couteau de chasse lui battait les flancs.

A peine entré dans la salle du premier étage, il courut s'asseoir à côté du poêle, présenta vivement à la douce chaleur qui s'en échappait ses mains osseuses et violettes, et secoua, par un brusque mouvement d'épaules, le givre et la neige dont il était couvert.

Au bout d'une minute, grâce au rapide changement de température, sa figure pâle était devenue bleuâtre, et son nez se colorait d'une teinte pourpre du plus drôlatique effet.

— Ma foi, mon jeune ami, — dit en ce moment maître

Chapelle, — je suis enchanté que vous soyez arrivé sans encombre.

Baptiste essaya de répondre, mais ses lèvres, gonflées par le passage subit du froid à la chaleur, se refusèrent à toute émission de sons.

L'intendant poursuivit :

— Je commençais à désespérer de vous voir.

— Ah!... ah!... — murmura le jeune homme.

— Vous êtes en retard de plus d'une heure, savez-vous?

Baptiste fit signe que oui.

— A quoi cela tient-il? — demanda maître Chapelle.

Le jeune homme ouvrit de nouveau la bouche, et, après des efforts longs et infructueux, il parvint à prononcer ces mots :

— C'est la faute à Rossignol...

— Il ne voulait donc pas marcher?

— Non.

— Peut-être avait-il peur?

— Oui.

— Et vous, mon jeune ami, n'aviez-vous pas peur aussi?

— Non, — répondit Baptiste avec un intraduisible mouvement d'épaules.

— Bien sûr?

— Très-sûr!

— Peste! — Savez-vous bien que vous êtes un brave...

— A trois poils! — répliqua l'adolescent en faisant le geste de caresser sa moustache invisible.

— Cependant le *Loup noir*?

— Bah!

— Gardez-vous bien de dire : *Bah!*

— Pourquoi?

— Parce que, mon jeune ami, ceux qui l'ont vu une fois sont parfaitement certains de ne pas le revoir une seconde, à moins que ce ne soit dans l'autre monde.

— Peuh! — fit Baptiste, à qui la parole était tout à fait revenue, — on exagère toujours. — D'ailleurs, — ajouta-t-il en mettant la main sur ses pistolets, — voilà des gaillards qui mordent aussi bien que le *Loup noir*, et qu'on ne voit pas non plus deux fois de suite.

— Touchez là, mon jeune ami, — s'écria maître Chapelle enthousiasmé, — vous me faites l'effet d'être un héros... dans mon genre!

Et les deux hommes échangèrent une cordiale poignée de main.

XIII

LE SOUPER.

Cependant la sonnerie du *coucou* venait de se mettre en branle et d'annoncer huit heures et demie.

A travers la porte mal fermée de la cuisine, arrivaient les bienfaisantes émanations d'un ragoût cuit à point.

Baptiste Médard ne se lassait point de tourner la tête de ce côté, et ses larges narines aspiraient avec une volupté évidente les parfums culinaires.

Maître Chapelle s'aperçut de cette préoccupation.

— Vous avez faim, mon jeune ami? — demanda-t-il.

— Je n'en disconviens point, — répondit Baptiste.

— Il se fait tard, en effet, et la bise du soir donne de l'appétit... — Eh! Mariolle!

— Quoi c'est-il, notre maître? — dit la grosse servante en accourant.

— Fais-nous souper, ma fille, et vite!

— Dame! ça se peut tout de même; — vous savez bien, notre maître, qu'il y a déjà un fameux bout de temps que je suis prête.

Et Mariolle, tout en parlant, apporta près du poêle la table dont nous avons déjà fait mention, et qui supportait trois couverts.

Ensuite elle déposa symétriquement, aux deux bouts de cette table, d'abord une énorme casserole dans laquelle fumait un copieux ragoût de mouton aux pommes de terre et aux oignons, puis un plat de faïence glorieusement orné d'une grillade de porc frais, dorée et appétissante.

Un joyeux sourire vint illuminer les traits de maître Chapelle, et se refléta sur le visage de son hôte.

— Voilà qui est bien, — dit l'intendant; — maintenant, Mariolle, ma fille, va prévenir Blanche que nous l'attendons.

— Oui, notre monsieur, — répondit la servante, en sortant par la porte qui faisait face à celle de la cuisine.

— Mam'selle Blanche se porte bien? — demanda Baptiste d'un air gauche.

— Oui, mon garçon, — elle se porte comme un vrai charme; et n'était sa mélancolie, elle serait plus gaie qu'un pinson!

— D'ailleurs, tu vas la voir, et j'ai dans l'idée, mon gaillard, que ça ne te fera point de peine... Hein! qu'en dis-tu?

— Ah! monsieur Chapelle, je dis que mam'selle Blanche est un bien joli brin de fille!

Ces mots furent prononcés d'un ton prétentieusement passionné, et avec des yeux langoureux à moitié levés vers le plafond.

— Tu trouves ça? — eh bien, ma foi! tu as raison... D'autant plus qu'il y a en l'air certain projet... dont nous parlerons plus à loisir, en temps et lieu...

— Est-ce qu'il serait impossible d'en reparler tout de suite, monsieur Chapelle? — demanda le jeune homme.

— Modère-toi, mon garçon, — répondit l'intendant avec un gros rire, franc et jovial; — tout vient à point, — dit le proverbe, — mais il faut savoir attendre.

Baptiste fit un geste d'acquiescement, et tira des profondes cavités de sa poitrine le plus gigantesque soupir.

En ce moment Mariolle rentra.

— Eh bien! — Blanche va-t-elle venir? — demanda l'intendant.

— Oh! que nenni! — notre monsieur, — répliqua la servante.

— Et pourquoi donc?

— Dame! mam'selle a dit comme ça, qu'elle ne se sentait pas bien et qu'elle ne voulait point souper.

— Ma fille est malade! — s'écria maître Chapelle.

— Ne vous faites pas de mauvais sang, notre monsieur, — poursuivit Mariolle, — ce n'est rien de rien, — un petit peu de mal à la tête, voilà tout! — on n'en meurt point.

— Tu me rassures! — Et, dis-moi, Mariolle, Blanche sait-elle que Baptiste Médard est arrivé?

— Pardine oui, elle le sait, puisque je le lui ai dit, — même que ça n'a pas paru la charmer énormément.

— Ah! — fit le jeune homme.

— Idée de jeune fille! — timidité bien naturelle, surtout à son âge et dans la circonstance! — s'écria maître Chapelle en se remettant à rire; — je comprends tout maintenant, — elle aura voulu nous laisser seuls, afin que nous puissions causer à notre aise... Baptiste, mon ami, vous êtes un heureux drôle!

— Vous croyez?

— J'en suis certain. — Ah! je connais le *beau sexe*, moi. J'ai été marié deux fois, mon cher... — Sur ce, mettons-nous à table.

L'intendant s'installa, et Baptiste, dont la figure était radieuse, imita son exemple...

— Ah çà, mon garçon, — dit maître Chapelle, après que les deux convives eurent satisfait aux premières exigences de leur appétit, — est-ce que mon digne compère et ami de La-

Demie, ne vous a point mis au courant du petit projet dont il s'agit ?

— Eh! eh! — répondit Baptiste, — il m'en a b en dit quelques mots...

— Ainsi vous savez déjà qu'il est question d'une alliance...

— Qui ferait le bonheur de ma vie! — interrompit avec feu l'adolescent.

— Modérez-vous, mon jeune ami, je vous le répète, — rien n'est encore décidé, rien n'est encore convenu. Reste à savoir si nous pourrons nous entendre sur tous les points...

— Que oui! que oui!

— J'aime à vous entendre parler ainsi. A votre âge j'étais comme vous, je ne connaissais pas d'obstacles.

Baptiste fit pour la seconde fois le geste de caresser sa moustache absente.

Maître Chapelle continua :

— Le bien de votre père monte, m'a-t-il dit, à trente mille livres environ, honorablement gagnées.

— Juste!

— C'est un joli denier; et vous en serez le seul héritier en votre qualité de fils unique.

Baptiste se rengorgea.

— De mon côté, — poursuivit l'intendant, — je possède une somme au moins égale, gagnée d'une manière également honorable, et Blanche, après ma mort, ne partagera, non plus que vous, avec personne. — Voici pour la fortune.

— Oui, — répéta Baptiste, — voici pour la fortune.

— D'autre part... — reprit l'intendant, — vous avez reçu une très-belle éducation...

— Oh! oui.

— Vous savez?...

— Je sais lire, écrire et compter; — je sais dénicher les merles, et je joue de la cligne-musette...

— Fort bien. — Vous n'êtes pas très-joli garçon... c'est vrai...

— Par exemple! — interrompit l'adolescent en regardant avec complaisance ses genoux osseux et ses mains noueuses.

— Je répète ma phrase : — Vous n'êtes pas très-joli garçon, mais vous n'êtes pas mal...

— A la bonne heure.

— Et, comme mari, je vous trouve suffisant.

— C'est très-heureux.

— Voilà pour ce qui vous concerne. — Arrivons maintenant à ma fille...

— Arrivons-y, monsieur Chapelle, arrivons-y le plus vite possible.

— Vous la connaissez?

— Certes!

— Elle est jolie.

— Oh! oui.

— Sage.

— Oh! oui!

— Bien élevée, — douce et modeste.

— Oh! oui... oh! oui... oh! oui.

— Il est inutile de m'interrompre à chaque mot, mon jeune ami; — je ne vous questionne pas, je vous dis ce qui est.

— Je deviens muet.

— Fort bien. — Donc, ma Blanche est un modèle de toutes les qualités et de toutes les vertus ; — son unique défaut, selon moi, c'est d'être rêveuse et distraite ; — elle passe quelquefois des heures entières à avoir l'air de ne penser à rien, et, quand on lui parle, on dirait qu'on l'éveille. — mais j'ai la conviction que le mariage la guérira de ce petit travers. — Ne le croyez-vous pas aussi?

— Je le crois, monsieur Chapelle, et plutôt dix fois qu'une.

— Ainsi, c'est bien entendu, ma fille vous convient?

— J'aimerais mieux mourir que de ne point vous l'avouer.

— Reste à savoir si vous lui conviendrez également...

— Grands dieux! n'en doutez pas.

— D'ailleurs, maintenant que vous allez être son fiancé en

titre, c'est à vous de vous montrer aimable, — séduisant, — irrésistible ; — c'est à vous de la courtiser, — de la subjuguer et de vous faire adorer.

— Aussi ferais-je pardieu !

Et, pour la troisième fois, Baptiste caressa les poils follets de sa lèvre supérieure.

— N'oubliez point, — poursuivit maître Chapelle, — n'oubliez point, mon jeune ami, que, quoique je désire vivement cette union, j'y renoncerais de grand cœur plutôt que de faire de la peine à ma chère Blanche en contraignant son inclination.

— N'ayez nulle crainte, monsieur Chapelle, — on m'aimera, on m'adorera, c'est moi qui vous le dis.

— Bravo! mon gendre futur! bravo! — Nous allons boire à la réalisation de vos espérances. — Eh! Mariolle, apporte-nous deux bouteilles de vin d'Arbois que tu vas aller chercher dans le cellier, au bon endroit, derrière les fagots.

— Oui, notre monsieur, — répondit la servante qui sortit avec de la lumière.

Et, tout en descendant, la bonne fille qui avait entendu la conversation précédente, murmurait entre ses dents :

— Jésus! Maria! — Seigneur, mon Dieu! — c'est-y bien possible! il faut que notre maître soit toqué, pour songer à marier notre demoiselle à un Nicodème pareil à ce grand dadais qui est en haut. — Ah! Jésus! Maria! — bonne sainte Vierge et tous les grands saints du paradis! — la pauvre petiote en mourra de chagrin, bien sûr!

Au moment où Mariolle, revenue du cellier, posait sur la table devant nos convives les deux bouteilles de vin d'Arbois, on entendit une voix forte et bien timbrée qui chantait dans la rue :

> Dans les gardes françaises
> J'avais un amoureux,
> Galant, ne vous déplaise,
> Et des plus valoureux !
> Mais, de la colonnelle,
> C'est le plus scélérat ;
> Pour une péronnelle,
> Le gueux m'a planté là!

En même temps, et pour la deuxième fois de la soirée, on frappa vigoureusement à la porte extérieure.

— Je ne connais point cette voix, — dit maître Chapelle en tressaillant, — qui diable ça peut-il être?

XIV

AGÉNOR, DIT FLAMBERGE-AU-VENT, ET SURNOMMÉ L'IRRÉSISTIBLE.

— Faut-il aller voir qui est là, notre monsieur? — demanda Mariolle. — Bien sûr que ce n'est pas le Loup noir, puisque ça chante.

— Eh! qui parle du Loup noir? — répliqua l'intendant avec impatience ; — voyons, descends ; — empêche de monter celui qui est en bas, si tu ne le connais pas, et prends bien garde de laisser la porte ouverte.

— Soyez donc tranquille, notre monsieur, — pour ce qui est d'entrer malgré moi, nenni, dà! J'ai une poigne pus solide que celle de bien des garçons, et quant à laisser la porte ouverte, j'ai bien trop peur du loup, allez.

Tandis qu'avait lieu ce dialogue entre maître Chapelle et sa servante, la chanson s'était interrompue, mais les coups redoublaient au dehors.

Une vague inquiétude se peignait en même temps sur les traits de Baptiste Médard.

— Va donc! — mais va donc! — répéta l'intendant.

Mariolle se précipita dans les escaliers.

Au bout d'un instant, on entendit grincer les verrous, et la brave fille poussa un cri de joie terminé par une exclamation :

— Ah! Jésus, Maria! c'est-y bien possible! c'est-y bien possible!

— Dame! ma commère, — il faut croire, — répondit une voix sonore.

Et en même temps retentit le bruit d'un de ces gros et francs baisers que les paysans seuls savent donner et recevoir.

Maître Chapelle tressaillit.

— Qui donc se permet d'embrasser comme ça Mariolle? — s'écria-t-il avec vivacité.

Cette question ne demeura point sans réponse.

La même voix mâle qu'on venait d'entendre répondit aussitôt d'un ton leste et joyeux :

— Eh! parbleu, qui serait-ce, mon cher oncle, sinon votre neveu bien-aimé, Agénor-Michel Legoux, baptisé *Flamberge-au-Vent*, et généralement connu sous le nom de l'*Irrésistible*.

Et celui qui venait de parler ainsi entra bruyamment dans la chambre, la bouche souriante et les bras étendus vers maître Chapelle, qu'il semblait désireux de serrer sur son cœur.

Ce nouveau venu était un homme de trente ans à peu près, grand et fort, bien bâti, et vigoureusement découplé.

Le désarroi de son ajustement témoignait d'une route longue et fatigante, faite à pied sans doute et à marche forcée; mais ces notables irrégularités de toilette ne nuisaient en rien à sa bonne mine et à sa robuste apparence.

Son costume était l'uniforme bleu et blanc des soldats aux gardes françaises.

Il portait sur la manche les galons de sergent.

Des guêtres de cuir avaient remplacé les guêtres d'ordonnance et s'ajustaient sur des souliers à fortes semelles, garnies d'une quadruple rangée de grosses têtes de clous.

Les cheveux de ses *faces*, déroulés par le vent et la neige, pendaient en longues mèches le long de ses joues colorées, et sa *queue* dépoudrée flottait de droite à gauche sur ses épaules, à chaque mouvement.

Ses moustaches brunes, drues et luxuriantes, se retroussaient en crocs de mousquetaire, et, conjointement avec sa large royale et son bonnet de police crânement enfoncé sur l'oreille droite, donnaient à sa physionomie une expression de bravoure et d'énergie batailleuse, tempérée cependant par un grand air de franchise et de bienveillance.

Un sac de peau, retenu par deux courroies sur le dos du soldat, paraissait contenir des effets de rechange, et, à côté du sabre, pendait, soutenu par un cordon, un de ces étuis en fer-blanc comme en portent encore aujourd'hui les militaires en congé, quand ils regagnent leurs foyers.

Ajoutez à ceci un énorme bâton de bois noueux terminé par une pointe de fer de deux pouces de longueur, et vous aurez une idée exacte de l'équipement d'Agénor-Michel Legoux, baptisé *Flamberge-au-Vent*, et généralement connu sous le pseudonyme de l'*Irrésistible*.

D'où lui venaient ces glorieux surnoms? — Voilà sans doute ce qu'il ne tardera pas à nous apprendre lui-même.

Le garde française, avons-nous dit, s'avançait les bras ouverts et le sourire aux lèvres.

Maître Chapelle, l'air stupéfait et la bouche béante, le regardait avec de gros yeux arrondis par l'étonnement et se trouvait évidemment partagé entre la contrariété et la satisfaction.

Agénor lui semblait tantôt un intrus, tantôt un neveu, et sa figure ébahie reflétait comme un miroir ce double sentiment.

Le garde française s'aperçut de cette lutte intérieure, et, changeant à l'instant même l'expression joviale de sa physionomie, il s'écria d'un ton pathétique :

— Par le dieu Mars et par ma moustache, je ne saurais en croire mes yeux! — Serait-il en vérité, Dieu possible, que mon digne et honoré oncle, maître Chapelle, le frère de ma bonne femme de mère (que Dieu ait son âme!), hésitât un seul instant à se précipiter dans les bras et sur le cœur palpitant de son cher neveu Agénor, baptisé *Flamberge-au-Vent*, et généralement connu sous le nom de l'*Irrésistible!* — Non! de par le dieu Mars et de par ma moustache, je suis le jouet de quelque illusion fatale! Ce n'est pas là mon oncle, hélas! je ne le vois que trop!...

— Comme ce gaillard-là s'exprime! — murmura l'intendant entre ses dents.

Puis, irrésistiblement subjugué par l'éloquence fascinatrice de son neveu, il se leva, non sans peine, et répondit à l'accolade du sergent par une accolade non moins vive.

L'étreinte fut longue et touchante, et, pendant plus d'une minute, les longues moustaches d'Agénor caressèrent rudement les joues rondes et rouges de maître Chapelle.

Cependant cette effusion eut une fin, et l'intendant se prit à dire, tout en se dégageant, à moitié étouffé, des bras de son neveu :

— Sais-tu bien, mauvais sujet, que ça me fait plaisir de te voir?

— Pardieu, mon cher oncle, la réciproque est de mon côté, — j'espère que vous n'en doutez point.

— Sans doute, mon garçon, sans doute.

— A la bonne heure, voilà qui est parlé!

— Mais dis-moi, je te prie, comment se fait-il...

— Que je vous tombe du ciel à l'improviste, sans dire gare et sans tambour ni trompette! — N'est-ce pas cela que vous voulez savoir?

— Précisément.

— Ah! mon cher oncle, c'est triste à dire...

— En vérité?

— Parbleu! — mais bast! — prenons le temps comme il vient et la vie comme elle est! — Voilà de la philosophie, et de la bonne, ou je ne m'y connais pas.

— Tu as raison, mais ceci ne répond point à ma question.

— C'est juste! — C'est que, voyez-vous, il m'en coûte tant d'accuser ma patrie...

— Ta patrie! — murmura maître Chapelle, avec une profonde surprise.

— Hélas! oui. — Oh! ingrate patrie! — tu me déchires l'âme, et cependant je te pardonne! — répliqua Agénor d'un ton comiquement résigné.

— Je suis tout surpris!

— Je le fus plus que vous.

— Explique-toi mieux.

— Voici la chose : — Je n'ai pas besoin, n'est-ce pas, de vous rappeler les circonstances à la suite desquelles j'ai quitté le pays il y a dix ans?...

— Non, mon ami, — répliqua l'intendant en prenant la main de son neveu et en la serrant affectueusement; — tu as eu bien des torts à cette époque, mais j'aime à croire que tu les as réparés...

— *Amen!* — fit le soldat.

— Continue, — dit maître Chapelle.

— Donc, — poursuivit Agénor, je me réveillai un beau matin soldat de Sa Majesté très-chrétienne que Dieu nous conserve!

— *Amen!* — dit à son tour l'intendant.

— Pendant quelques mois, je fus le gaillard le plus indiscipliné que j'aie jamais connu...

— Ceci m'étonne peu, — interrompit maître Chapelle.

— Merci, mon oncle.

— Il n'y a pas de quoi.

— Je ne pouvais me faire à la discipline : j'envoyais promener tout le monde, mes égaux et mes supérieurs, et je déclare que c'est une chance inouïe de n'avoir pas été fusillé dix fois, car vingt fois je l'ai mérité.

— Au moins, tu en conviens.

— Ah! mon oncle, rendez-moi justice, — la franchise est peut-être la seule qualité qui ne m'ait jamais manqué.

— C'est exact; — même au temps dont il ne faut plus parler, tu ne savais pas mentir.

— Vous voyez; — enfin, Dieu ou le diable me protégeant, j'évitai toujours d'avoir à commander sur moi-même un joli petit feu de peloton, et j'en fus quitte pour des punitions secondaires; c'était ennuyeux, mais au moins ce n'était pas malsain, tandis que des gens bien informés m'ont juré leurs grands dieux qu'il n'y avait rien d'aussi indigeste qu'une douzaine de balles dans le creux de l'estomac.

— Je le crois fichtre bien!

— Peu à peu, cependant, je me dégoûtai de manger chaque jour de la prison et du cachot, et, de chien hargneux que j'étais, je devins un vrai caniche pour la douceur et l'obéissance.

— Quelle conversion!

— Invraisemblable, j'en conviens, mais complète. Il est bien entendu que la douceur dont je fais mention n'était pratiquée par moi que dans l'exacte limite des devoirs de mon métier, et que, une fois le service fini, il ne faisait nullement bon me marcher sur le pied ou me regarder de travers.

— Toujours querelleur...

— Toujours! Qu'est-ce que vous voulez, mon oncle, c'est plus fort que moi; c'est même là que m'est venu au régiment le sobriquet de *Flamberge-au-Vent*.

— Joli nom! je te conseille d'en être fier.

— Significatif et mérité; il en valait bien un autre.

— Mariolle, — dit maître Chapelle, interrompant pour un instant la quasi-confession d'Agénor, — ne vois-tu donc pas que mon neveu doit avoir soif? — Apporte un gobelet et va-t'en bien vite quérir deux autres bouteilles de vin d'Arbois.

— Ça va-t-être fait, notre maître! — répliqua Mariolle qui, en effet, accomplit avec une agilité surprenante l'ordre qu'elle venait de recevoir.

Le sergent aux gardes remplit son verre jusqu'au bord, dégusta tout d'un trait le précieux liquide et fit claquer sa langue contre son palais d'un air de connaisseur.

— Fameux! — dit-il ensuite en donnant avec le pouce et l'index une courbe de plus en plus victorieuse aux pointes de sa moustache.

— Fameux! — répéta-t-il; — pardieu! mon oncle, je vous en fais mon compliment.

— N'est-ce pas qu'il est bon? — demanda maître Chapelle épanoui.

— Un vrai nectar!

— Oh! nectar, — le mot est fort...

— Du tout. — Hébé devait, dans l'Olympe, en servir de pareil aux dieux.

— Tu crois?

— J'en suis *atteint et convaincu*, mon cher oncle.

— Comme ce gaillard-là s'exprime! — murmura maître Chapelle pour la seconde fois.

Agénor reprit :

— Pour lors, j'en reviens aux anecdotes civiles et militaires de mon orageuse existence.—Mon physique avantageux et ma conduite distinguée ne tardèrent point à me faire monter en grade : je passai sergent, et je me trouvai, comme vous le voyez, dans une belle passe.

— Sans doute.

— A partir de ce moment, ma vie fut celle des véritables guerriers français! — Je mêlai les myrtes aux lauriers, — la déesse Vénus est la sœur du dieu Mars. — On parla de moi aux Porcherons et chez Ramponneau, et les cœurs se suspen-

dirent aux crocs de ma moustache, comme si Cupidon lui-même en avait *astiqué* les pointes.

— Voyez-vous cela! — fit maître Chapelle avec un gros rire.

— Je le vis, mon oncle, je le vis beaucoup! — Mes victimes furent innombrables! — Je cherchais partout des cruelles, et je n'en pouvais pas rencontrer! — C'était un guignon *guignonnant!* — Mes camarades, à l'unanimité (sauf le brigadier, qui était marié et jaloux), me décernèrent le surnom de *l'Irrésistible*, et c'est à propos de moi qu'une belle éplorée exécuta ce couplet, devenu célèbre à Paris, et que je chantais tout à l'heure en arrivant chez vous :

> Dans les gardes françaises
> J'avais un amoureux,
> Galant, ne vous déplaise,
> Et des plus valeureux!
> Mais, de la colonelle,
> C'est le plus scélérat,
> Pour une péronnelle,
> Le gueux m'a planté là!

« La *péronnelle* en question était une ravaudeuse de la rue du Pas-de-la-Mule, un véritable bouton de rose, beaucoup plus joli que la mère des Amours, dont, cependant, la réputation est faite.

— Mauvais sujet!

— Qu'est-ce que vous voulez, mon oncle? on ne se rebâtit pas.

— Vous croyez peut-être que je suis un homme?...

— Dame!...

— Eh bien! c'est ce qui vous trompe; j'en ai l'air au premier abord, mais...

— Mais... quoi?

— Je suis un volcan, mon oncle, un véritable volcan! Au moment où on s'y attend le moins, je fais irruption et je consume tout sur mon passage.

— Qu'il a d'esprit! — se dit tout bas maître Chapelle avec admiration; — il faut convenir que j'ai là un neveu bien flatteur pour l'amour-propre d'un oncle.

Agénor reprit la parole.

— Bref, tout allait pour le mieux, — j'étais enchanté de mon sort et je ne m'inquiétais ni du présent ni de l'avenir, quand, il y a de cela six semaines, je reçus une tuile sur la tête...

— Une tuile! — s'écria maître Chapelle; — j'espère qu'elle ne te blessa pas dangereusement?

Agénor se mit à rire jusqu'aux larmes.

— Je ne croyais pas être aussi plaisant que ça! — fit l'intendant d'un air un peu froissé.

— Excusez-moi, mon oncle, — répondit le sergent, — c'est involontaire; — je parlais au figuré et vous avez pris la chose au sérieux, voilà pourquoi j'ai ri.

— A la bonne heure!

— Donc, — poursuivit Agénor, — mon colonel me fit appeler chez lui un beau matin et il m'annonça...

— Que tu montais en grade?

— Non pas... mais que j'étais parfaitement le maître de retourner dans mon pays natal, planter des choux, élever des lapins, ou me livrer à toute autre occupation du même genre.

— Diable!

— C'est précisément cette exclamation qui m'échappa. — Par malheur, il n'y avait point de remède; je pris mon parti en brave, et je fis mon sac.

— Pauvre garçon! — Et, dis-moi, tu ne soupçonnes pas la cause de ce brusque congé?

— Si, parbleu!

— Ah! ah!

— Le bruit avait couru que la *protégée* de notre major s'intéressait à moi un peu plus que de raison...

— Était-ce vrai?

— Le soldat français, mon oncle, est galant, mais il est

discret; — je ne répondrai point à cette dernière interrogation.

— A ton aise, mon neveu.

— Je vous sais gré, mon oncle, de ne point insister.

— Mais, pendant les six semaines qui se sont écoulées depuis la sortie du régiment, qu'as-tu fait?

— Je vais vous dire : — J'avais un petit magot...

— Un magot!...

— Oui. — On appelle comme ça les économies que le troupier français réalise à l'endroit de sa solde...

— Eh bien! — demanda maître Chapelle, — qu'est devenu le *magot*, puisque *magot* il y a?...

— Dévoré!

— Tout entier?

— Radicalement.

— Mais à quoi, malheureux, à quoi?

— Cette question, cher oncle, prouve chez vous une naïveté de mœurs dont je ne saurais vous complimenter trop sincèrement. A quoi, mordieu! voulez-vous qu'un fils de Bellone dépense les *livres tournois* de Sa Majesté, si ce n'est en toutes sortes de festins anacréontiques, joyeusetés cythéréennes, voyages à Paphos et autres *gobichonnades!*...

— Tu te sers d'expressions si choisies que je ne te comprends pas très-bien, — interrompit maître Chapelle.

— Il est vrai que je suis fleuri et que je raffine dans le beau langage, — poursuivit Agénor, — mais je préfère, pour des raisons à moi connues, ne pas m'expliquer de façon plus claire. — Comprenez-vous, maintenant?

— Pas davantage.

— Peu importe. — Bref, pendant un mois, je m'initiai aux douceurs d'une existence aussi *émaillée* que celle d'un mestre-de-camp ou d'un duc à brevet. Les écus de six livres dansaient que c'était un plaisir, — parole d'honneur, et je ne les regrette point!... — Quand tout fut mangé, je bouclai mon sac, j'attachai les courroies sur mon dos, je pris ma pipe et mon bâton, — je me mis en route et me voici! — Tendez-moi la main, mon oncle, et répétez-moi, si c'est possible, que vous êtes bien aise de me voir.

— Mais certainement, j'en suis bien aise, quoique, à parler franc, tu me fasses l'effet d'un bien mauvais chenapan, mon garçon.

Et, tout en parlant, maître Chapelle serra d'une façon cordiale la main brunie d'Agénor.

— Ah çà! mais, — reprit ce dernier, — voilà plus d'une heure que vous me faites narrer ma vie et répondre à toutes vos questions, il me semble que votre tour est venu. — Parlez-moi donc de vous et de notre famille, cher oncle. — Je ne vous demande pas de me renseigner sur votre propre santé, — vos joues et votre ventre sont là pour attester son état florissant.

— Eh! eh! le fait est que ça ne va point mal, — j'engraisse, — répondit maître Chapelle avec son rire accoutumé.

— Et vous avez, pardieu, dix fois raison, mon oncle, — répondit le garde française.

Agénor, après avoir ainsi parlé, promena son regard tout autour de la chambre, comme s'il cherchait quelqu'un ou quelque chose.

Maître Chapelle s'aperçut de ce mouvement.

— Que voudrais-tu donc, mon garçon? — demanda-t-il

Agénor parut hésiter pendant une seconde.

Cependant il répondit, mais lentement et en homme qui craint de mettre le doigt sur une blessure saignante ou d'éveiller des souvenirs pénibles.

— Quand je quittai le pays... il y a dix ans, mon cher oncle... vous aviez... une fille...

— Et je l'ai toujours! — s'écria maître Chapelle.

Le sergent sembla soulagé d'un grand poids.

— Je crois me souvenir qu'elle s'appelait Blanche.. — dit-il.

— Elle n'a pas changé de nom.

— Quoique bien petite encore, elle promettait d'être beaucoup plus jolie que les *dryades*, *amadryades* et autres nymphes bocagères.

— Elle a tenu ses promesses.

— Et où est-elle, cette charmante cousine?

— Elle est ici.

— Ici! — Comment?

— Oui, dans sa chambre.

— Dans sa chambre! Pourquoi?

— Elle a la migraine... à ce qu'elle dit, — mais je crois plutôt...

— Vous croyez?...

— Que cette migraine intempestive vient tout simplement du désir de laisser le champ libre à son fiancé et à moi, pour terminer de petits arrangements...

— Son fiancé, dites-vous? — interrompit vivement Agénor.

— Sans doute.

— Blanche se marie donc?

— Prochainement.

— Et... avec qui?

— Avec monsieur, ici présent, le jeune Baptiste Médard, fils unique de mon ami et compère, l'intendant du marquis de La-Demie. — J'espère que vous allez vivre ensemble comme une paire d'amis.

— Hum! hum! — fit Agénor à voix basse; — puis il ajouta tout haut et d'un air fort sec : — Je connais monsieur.

— Allons donc! — répondit maître Chapelle, ce que tu dis là est impossible!

— Oui, — balbutia Baptiste, — c'est impossible, tout à fait impossible!

— Ah bah! — s'écria le sergent en s'adressant à l'adolescent, — est-ce que par hasard, mon jeune monsieur, vous auriez la prétention de me donner un démenti?

— Mais non... mais non... ne le croyez pas! — répondit en toute hâte Baptiste épouvanté.

— C'est que, voyez-vous, — poursuivit gravement Agénor en donnant à son sourcil une expression farouche et en se tordant la moustache, — si cela était, mon jeune monsieur, il s'agirait de nous aligner incontinent et d'en découdre, comme cela se pratique pour ces sortes d'affaires entre gens d'honneur. Vous pouvez être tranquille, du reste, je vous ménagerai. — J'en connais qui vous tueraient fort proprement pour vous apprendre à vivre; mais par égard pour mon oncle, chez lequel je vous rencontre, je me contenterai de vous couper le nez et les oreilles! — Vous voyez que je suis accommodant.

Baptiste Médard, pâle de frayeur, les yeux à moitié sortis de leur orbite et les dents clapotantes, semblait au moment de se laisser choir de son siége.

Agénor riait dans sa moustache et s'apprêtait à continuer. Heureusement maître Chapelle intervint.

— Ah çà! voyons, — s'écria-t-il, — allez-vous bientôt finir, mauvaises têtes que vous êtes! — Et il ajouta en s'adressant au garde française : — Si tu éprouves le besoin, monsieur mon neveu, de chercher querelle à quelqu'un dès le jour de ton retour au pays, tu devrais, ce me semble, respecter au moins ma maison et mon gendre futur!

— Vous avez l'air d'avoir raison, cher oncle, — répondit Agénor sans se déconcerter, — et cependant vous avez tort.

— Et comment cela, je te prie?

— C'est bien simple, cher oncle, — je ne cherche querelle à personne...

— Voilà qui est fort!

— Pas le moins du monde, et j'en appelle à vous-même : J'ai dit à M. Baptiste Dard-Dard, ici présent...

— Médard, s'il vous plaît... — interrompit le jeune homme.

— Peu importe! répliqua le garde française, — va pour Médard, si vous y tenez. — J'ai donc dit à M. Médard que je le connaissais déjà; M. Médard a nié le fait, ce qui équivalait à un démenti, et, sur ce, j'ai pris la mouche. — Étais-je dans mon droit, oui ou non?

— Eh bien! non; car, absent depuis dix ans comme tu l'es, il est évident que tu ne connaissais pas Baptiste.

— Erreur, cher oncle, profonde erreur!

— Mais où diable l'aurais-tu donc rencontré?

— Si vous m'aviez demandé cela plus tôt, il y a longtemps que je vous aurais répondu.

— Parle donc!

— A l'instant.

Les regards de maître Chapelle exprimaient, durant ces préambules, une vive curiosité.

Le visage de Baptiste se décomposait à vue d'œil.

— J'attends, — fit l'intendant.

— M'y voici, — répondit Agénor; — il faut vous dire, mon cher oncle, que je cheminais, il y a de cela deux heures, dans des sentiers perdus, me guidant par le souvenir, ou plutôt par l'instinct...

« La nuit était profonde, les rafales du vent me jetaient à la figure des tourbillons de givre et de neige qui, par instants, m'aveuglaient et me contraignaient de m'arrêter.

« Tout à coup, j'entendis derrière moi le pas d'une cavalcade; je me retournai et je distinguai vaguement un grand flandrin, juché sur un petit cheval et entouré de cinq ou six gaillards, montés sur autant d'ânes ou de mulets.

« J'étais debout au milieu du chemin.

« Aussitôt que je fus aperçu, une voix tremblante cria :

« — Halte!

« Et la même voix ajouta :

« — Si c'est le loup, tirons dessus, tous à la fois, et ne le manquons point!

« Bêtes et gens s'arrêtèrent aussitôt.

« Une demi-douzaine de mousquetons me couchèrent en joue, et, comme je ne me souciais point d'être fusillé au coin d'une haie, je criai de toute la force de mes poumons :

« — Oh! eh! les autres, pas de bêtises; je demande à parlementer!

« — Qui êtes-vous?—me dit alors l'organe singulièrement ému qui avait déjà crié : halte! et qui, selon toute apparence, allait commander le feu.

« — Garde française en congé, — répondis-je.

« — D'où venez-vous?

« — De Paris.

« — Où allez-vous?

« — A Cernay.

« — Suffit; passez au large!

« Je m'effaçai respectueusement devant les canons toujours levés des mousquets ou des carabines, et le cheval et les ânes se remirent en route incontinent. »

— Qui diable ça pouvait-il être? — interrompit maître Chapelle.

— Vous ne devinez pas, mon oncle?...

— Ma foi non!

— Eh bien! je vais vous le dire. — Le grand flandrin, c'était monsieur.

Et le garde française désigna du doigt Baptiste Médard, qui baissait la tête d'un air confus et sournois.

— Mais... — reprit l'intendant, — Baptiste est arrivé tout seul ici cependant, et...

— Attendez un instant, mon oncle, je vais vous expliquer la chose. — A une demi-lieue du village, je rencontrai de nouveau les paysans montés sur leurs ânes, et qui, cette fois, me croisèrent. — Je les questionnai. Ils me répondirent qu'ils venaient d'accompagner jusqu'au village de Cernay le fils de l'intendant de leur seigneur, — un vrai dadais, capon comme la lune, lequel voulait se donner des airs de matamore et les avait congédiés à cinq cents pas de la maison dans laquelle il allait, afin d'arriver tout seul et sans escorte, comme un vrai coureur d'aventures.—Voilà l'historique de ma rencontre avec le jeune M. Médard, que, certes, je ne m'attendais guère

à rencontrer chez vous, surtout en qualité de gendre futur!

— Que dites-vous de cela, cher oncle?

— Je dis... je dis... — murmura l'intendant, — je dis que j'attends les explications de Baptiste...

Cet appel direct resta sans réponse. — L'adolescent baissa la tête de plus belle et ne répondit point.

Maître Chapelle prit alors un ton rogue et un air solennel, et il s'écria :

— En vérité, mon jeune ami, une telle conduite a tout lieu de m'étonner de votre part! — Comment se fait-il que vous ayez cherché à surprendre ma bonne foi en vous faisant passer à mes yeux pour ce que vous n'êtes pas, pour un héros?...

— Mais... — balbutia Baptiste Médard, — le Loup noir...

— Ce n'est pas une raison, — interrompit l'intendant ; — certes, je comprends à merveille qu'on ait peur du Loup noir, et moi-même, qui cependant ai fait mes preuves, je ne suis point rassuré à l'endroit de cet animal véritablement diabolique, et je prends mes précautions; mais ce que je trouve impardonnable, c'est la fanfaronnade avec laquelle vous affectiez tout à l'heure de mépriser un péril que vous n'aviez pas couru ! — captant ainsi mon admiration et volant mes éloges!... — Ah! Baptiste Médard! Baptiste Médard!... je ne vous dis que ça, et si vous avez du cœur, ces simples paroles doivent suffire pour le bourreler terriblement!

En effet, l'adolescent, anéanti, rapetissait de son mieux son long buste dégingandé, et le rouge de la confusion empourprait sa face pâle.

Ses doigts noueux étaient crispés;—ses sourcils, d'une couleur douteuse, se fronçaient convulsivement.

La colère et la peur lui donnaient une sorte de tremblement fiévreux, et, quand il se croyait sûr de ne point être aperçu, ses gros yeux, d'un gris faux, se levaient furtivement et lançaient à Agénor des regards d'une expression sinistre.

XV

LA PIERRE QUI TOURNE

Nos lecteurs ne sont pas sans avoir deviné qu'Agénor, dit Flamberge-au-Vent, et surnommé l'Irrésistible, est le héros de ce livre.

Le moment est venu de leur expliquer par quelle série de circonstances le jeune montagnard franc-comtois avait endossé l'uniforme bleu et blanc des gardes de Sa Majesté.

Cette revue rétrospective et épisodique, — sorte de hors-d'œuvre dans mon récit, — nous paraît tout à fait indispensable, et sera courte d'ailleurs.

C'était par une sombre et froide journée d'hiver, dix ans environ avant le moment où s'accomplissaient les faits dont nous sommes l'historien.

A deux ou trois portées de fusil des dernières maisons du hameau de Cernay, et à travers les feuillages dentelés d'un petit bouquet de sapins, on voyait s'élever, en spirales capricieuses, un mince filet de fumée blanchâtre qui tranchait vivement avec la teinte plombée du ciel.

Une épaisse couche de neige couvrait uniformément le sol.

Çà et là, des bandes de corbeaux voraces tachetaient comme des gouttes d'encre cette nappe éblouissante.

On touchait à cette heure du jour où le crépuscule s'apprête à remplacer les clartés indécises.

Déjà les vagues contours des montagnes et des collines se noyaient dans la brume.

La cloche de l'église de Cernay sonnait à toute volée, et les échos répétaient à l'envi ses tintements monotones.

On était à la veille de la fête des Morts.

Dans le massif des sapins dont nous parlions un peu plus plus haut, se voyait à cette époque une chaumière, ou plutôt un chalet grossièrement mais solidement bâti avec des pierres et des troncs d'arbres, et recouvert de planches et de chaume, maintenus par des fragments de rocher.

La porte de ce chalet s'ouvrit tout à coup, non sans peine, car la neige amoncelée au dehors résistait à la pression intérieure.

Un jeune homme parut sur le seuil, et en même temps un beau chien des montagnes, noir comme du jais et vif comme l'éclair, se précipita dans la campagne et se mit à se rouler dans la neige avec de joyeux hurlements.

Le jeune homme pouvait avoir vingt ans.

Sa tête était nue, et ses cheveux d'ébène flottaient en boucles naturelles autour de ses joues brunes et sur son cou nerveux.

Son costume consistait en une sorte de jaquette de peau d'agneau préparée de manière à ce que la toison restât tout entière adhérente au cuir souple et chaud.

Des guêtres pareilles s'ajustaient sur un pantalon de gros droguet.

À la ceinture pendaient un long couteau enfermé dans sa gaine et l'une de ces cornes de bélier dont les bergers suisses et franc-comtois tirent des sons discordants pour rassembler leurs troupeaux ou pour s'appeler les uns les autres.

Ce jeune homme était très-pâle.

On eût deviné sans peine qu'une émotion violente bouleversait son âme et décomposait ses traits.

Son regard quêteur et inquiet, se portant sans relâche, tantôt à droite, tantôt à gauche, semblait interroger l'un après l'autre tous les points de l'horizon.

Par deux fois il passa sa main sur son front, comme pour en chasser une pensée qui l'obsédait.

Par deux fois il entr'ouvrit sa jaquette, comme pour donner de l'air à sa poitrine brûlante qu'il exposait avec une sorte d'amère volupté à la brise glaciale du soir.

Puis enfin il rappela son chien qui vint, en rampant, se coucher à ses pieds, et tous les deux regagnèrent l'intérieur du chalet, dont la porte se referma.

Nous allons les y suivre, — si vous le voulez bien.

Tout d'abord un lugubre spectacle, celui d'une agonie, s'offrait à la vue.

Dans une profonde alcôve et sur un lit en désordre, gisait étendue une femme âgée déjà et d'une effrayante maigreur.

Cette femme était immobile, et la prunelle presque vitrifiée de ses yeux sans regards s'attachait obstinément aux solives enfumées du plafond.

Un de ses bras, pendant hors du lit, aurait pu servir d'objet d'étude, aussi bien qu'une préparation anatomique, tant les muscles, les nerfs, les tendons et les os se dessinaient nettement sous la peau sèche et tendue.

Le jeune homme s'approcha du lit.

La mourante ne fit pas un mouvement.

— Ma mère !... — murmura-t-il d'une voix basse et presque indistincte.

Il n'obtint aucune réponse.

— Ma mère !... — répéta-t-il.

Même silence et même immobilité.

Alors le jeune homme, l'œil morne et le front pensif, retourna s'asseoir auprès du foyer sur une escabelle de bois de chêne.

Quelques charbons achevaient lentement de se consumer dans l'âtre.

Par instants, une petite flamme bleuâtre et vacillante s'exhalait de leurs débris, et, par instants aussi, des étincelles capricieuses dessinaient sur les cendres noires des figures fantastiques.

Le fils de la mourante appuya ses coudes sur ses deux genoux, cacha sa tête dans ses mains et parut s'absorber tout entier dans une pensée unique.

S'il fallait en croire les tressaillements inattendus de son corps et les éclairs fauves qui jaillissaient parfois de ses yeux, cette pensée devait être terrible.

C'est qu'en effet un horrible combat, — combat sauvage et contre nature, — se livrait dans l'âme du jeune homme, qui n'était autre (peut-être nos lecteurs l'ont-ils deviné déjà), qui n'était autre, — disons-nous, — qu'Agénor-Michel Legoux.

Les deux principes contraires, — le bon et le mauvais ange, — se disputaient pied à pied, dans une lutte acharnée, le cœur de notre héros.

Tantôt l'esprit du bien l'emportait pour un instant, et le pâle visage d'Agénor s'illuminait d'un rayon de calme.

Tantôt, au contraire, le démon tentateur se voyait le plus fort, et le bon ange, voilant de ses blanches ailes son front humilié, s'apprêtait à remonter aux cieux.

Voici la cause de cette lutte effrayante, dans laquelle l'esprit du mal devait, hélas! rester vainqueur.

Agénor était doué d'une de ces natures ardentes et enthousiastes, aussi puissantes pour la vertu que pour le vice, et qui ne reculent devant aucun obstacle, quand elles se trouvent sous la pression d'un désir impétueux ou d'une passion effrénée.

Agénor, quoique âgé de vingt ans à peine, était depuis longtemps un homme, et par les sens et par le cœur.

Des rêves irréalisables, de folles ambitions, des pensées de gloire, de fortune et d'amour, fermentaient dans sa jeune tête, et créaient pour lui une sorte de monde idéal dans lequel il aimait à vivre.

Jusque-là, il n'y avait pas grand mal.

Tout au plus, l'adolescent se préparait-il d'amères déceptions pour l'avenir.

Mais voici qu'un beau jour, ces rêves, ces ambitions, ces folles pensées prirent un corps.

Ces passions diverses se fondirent en une seule qui les absorbait toutes, — l'amour.

Un amour insensé!

En courant parmi les bruyères et les rochers, la houlette du berger ou le fusil du chasseur à la main, Agénor fit à deux reprises la rencontre d'une jeune fille, laquelle, un faucon sur le poing et suivie de deux valets de pied, chassait les perdrix rouges et les coqs de bruyères.

Cette jeune fille, d'une beauté célèbre dans toute la province, était l'unique enfant du gouverneur du fort de Joux.

Nous n'avons pas besoin de dire qu'elle ne remarqua point Agénor.

Le jeune paysan, au contraire (qu'on nous passe cette expression outrageusement prétentieuse), osa regarder le soleil en face.

Le soleil l'aveugla.

Bref, il devint amoureux de l'une des plus riches et des plus nobles héritières de toute la Franche-Comté.

Évidemment c'était de la folie.

Agénor ne se le dissimula point; mais au lieu de combattre courageusement la fatale passion qui s'emparait de lui, il se complut dans sa folie et il se prit à échafauder plus que jamais un édifice d'ambitions et d'espérances auquel il ne manquait qu'une base possible.

Durant plusieurs mois, cet amour suivit une marche progressive et toujours mystérieuse, car Agénor ne dit son secret à personne, et personne ne le soupçonna.

Mais un jour, une nouvelle imprévue vint, comme un coup de tonnerre, éclater dans le ciel que s'était créé le jeune paysan.

Un gentilhomme bourguignon allait épouser dans un mois la fille du gouverneur de Joux.

Agénor pâlit et chancela en recevant en plein cœur ce coup terrible et inévitable.

Ses rêves d'amour s'évanouissaient comme les fugitives vapeurs sur lesquelles ils étaient construits.

L'inexorable réalité se substituait aux chimères d'une imagination en délire.

Et cependant, — chose étrange! — non-seulement Agénor ne succomba point à la violence de son désespoir, mais encore, à partir du moment où il dut considérer sa bien-aimée comme perdue pour lui, son front assombri se rasséréna, le sourire revint à ses lèvres, et son regard prit une expression confiante et presque joyeuse.

Ceci se passait quinze jours avant l'époque de la fête des Morts.

Une légende superstitieuse, — rappelée sans doute par un piége du démon à l'esprit troublé d'Agénor, — était l'unique cause de cet espoir et de cette joie.

Voici ce que disait la légende :

A une époque indéterminée et perdue dans la nuit sombre du moyen âge, existait, sur la cime d'une montagne, à une lieue environ de Cernay, un château féodal appelé *Montaigu*.

Vers la fin du XVIIIe siècle, on ne voyait déjà plus que quelques amas de murs démantelés, derniers vestiges du castel disparu.

Non loin de ces ruines, et, comme elles, dominant un pic, une roche énorme figurant assez bien un *sabot* colossal, reposait sur un piedestal de granit taillé par la nature.

Les paysans appelaient cette roche la *Pierre qui tourne*.

Or, s'il fallait en croire la chronique, un trésor immense avait été enfoui jadis sous la *Pierre qui tourne* par la dernière des *Montaigu*...

Et depuis cette époque, — tous les cent ans, — le jour de la Toussaint, lorsque sonnait minuit, la châtelaine qui gardait son trésor quittait lentement la tombe inconnue où reposaient ses ossements.

Pâle et vêtue de son linceul, elle faisait par trois fois le tour de la roche mystérieuse.

Entre ses dents elle tenait une petite clef d'or, ce qui ne empêchait point de murmurer tout bas des paroles magiques.

Alors la *Pierre qui tourne* se montrait digne de son nom.

Le bloc gigantesque, que n'auraient pas remué les bras réunis de vingt cyclopes, s'agitait tout seul sur sa base.

Il hésitait d'abord et chancelait comme un homme ivre.

Puis, peu à peu, obéissant à l'irrésistible impulsion de la main invisible qui le poussait, il se prenait à tourner avec une vitesse furieuse.

Les parois du roc bruissaient avec le sifflement de la tempête et des étincelles jaillissantes illuminaient la nuit.

Des visions étranges surgissaient de toutes parts, et des ossements blanchis, ranimés pour une heure, formaient jusqu'au premier chant du coq une danse macabre lugubre et tournoyante.

C'est à ce moment précis, — au milieu de ce fantastique infernal, — au milieu de toutes ces terreurs, — que l'aventurier hardi qui voulait, au prix du salut de son âme, conquérir la fortune et les joies de ce monde, — devait s'approcher sans pâlir de la dame de Montaigu et lui demander sa clef d'or.

La châtelaine damnée obéirait sans résistance à la voix impérieuse.

Elle abandonnerait son talisman et servirait de guide parmi les détours des ruines et les souterrains sans issue.

Des clartés mystérieuses éclaireraient sa marche.

Devant elle les murailles s'ouvriraient, — les escaliers disparus échelonneraient de nouveau leurs marches de granit.

Les portes rouillées tourneraient sans bruit sur leurs gonds.

Puis, tous les deux enfin, l'homme et la châtelaine, arriveraient dans un vaste caveau, connu seulement des gnômes et des génies de la montagne.

Là, crevant de leur poids les coffres défoncés, apparaîtraient aux regards éblouis d'immenses amas d'écus d'or.

Là, gisait un trésor inouï, — un trésor qui pourrait suffire à la rançon de dix monarques.

Et, pour devenir propriétaire unique et légitime de ces fabuleuses richesses, il ne fallait, nous le répétons, que se trouver près de la Pierre qui tourne, la nuit de la Toussaint la centième année, et demander à la châtelaine la clef magique qu'elle tenait entre ses dents.

Voilà tout.

En vérité, c'était peu de chose!...

Toujours est-il que personne n'avait encore essayé.

Agénor, assis près du foyer, comme nous l'avons dit plus haut, et la tête cachée dans ses mains, attachait avec obstination sa pensée sur les détails de la légende dont nous venons de donner à nos lecteurs une rapide analyse.

Il songeait, — disons-le bien vite, — il songeait à réaliser l'entreprise insensée devant laquelle avaient reculé, depuis des siècles, les plus audacieux aventuriers du pays.

Il songeait à donner son âme en échange d'un amas d'or.

Car cet or qu'il convoitait,—cette fortune immense, splendide, royale, — c'était à coup sûr, pensait-il, la réalisation de ses rêves d'amour.

Une fois qu'il serait plus riche à lui tout seul que tous les grands seigneurs de la province, de la France entière, et peut-être du monde, il irait, tête levée, demander la main de celle qu'il aimait, et si, chose improbable, il échouait devant un refus, il lèverait une armée et obtiendrait par la force ce qu'il ne pourrait obtenir de bon gré.

Voilà ce que se répétait Agénor, et voilà pourquoi des tressaillements inattendus venaient agiter son corps; voilà pourquoi, quand il relevait la tête, de fauves éclairs jaillissaient de ses yeux.

Un temps assez long se passa ainsi.

L'obscurité la plus profonde avait envahi la chaumière.

Il pouvait être dix heures du soir.

Les derniers tisons du foyer s'étaient lentement éteints, et l'on n'entendait nul bruit, ni au dehors ni au dedans, excepté le râle presque indistinct de la mourante, murmure sourd, étouffé, et qui d'instant en instant s'affaiblissait davantage.

Tout d'un coup Agénor se leva.

Sa résolution était prise.

Le mauvais ange l'avait emporté! — il allait partir.

Cependant, avant de s'éloigner, il voulait dire à sa mère expirante un adieu, — le dernier peut-être.

Il battit le briquet et alluma la mèche d'étoupes d'une petite lampe de cuivre posée sur le manteau de la cheminée.

Il rassembla les morceaux de bois qui gisaient épars sur le sol durci de la chaumière, il les entassa dans le foyer et y mit le feu.

Une clarté vive et soudaine éclaira les parois de l'humble demeure.

Agénor s'approcha du lit.

Les yeux de la mourante ne se tournèrent point vers lui.

On eût dit que l'âme avait abandonné déjà son enveloppe expirante.

Cependant un léger mouvement des lèvres indiquait que le souffle de vie errait encore autour de la bouche.

Agénor s'agenouilla près du lit.

Il prit la main presque glacée de sa mère et il la porta à ses lèvres qui s'y tinrent longtemps collées.

Quand il se releva, deux grosses larmes roulaient lentement sur ses joues.

Il attacha son chien dans un coin de la chaumière.

Il assujettit sur sa tête son capuchon de peau d'agneau, et, prenant son lourd bâton ferré, il se dirigea vers la porte en jetant derrière lui un dernier et triste regard.

Au moment où il atteignait le seuil, la mourante fit un mouvement.

Agénor s'arrêta.

Un bruit de paroles entrecoupées, — paroles vagues et presque indistinctes, — arriva jusqu'à lui.

C'était sa mère qui parlait.

Agénor se rapprocha du lit.

La mourante se souleva sur son coude et fixa sur le jeune homme son regard terne et atone.

— Mon fils... mon enfant... —murmura-t-elle,—tu sors... tu me quittes...

— Pour un instant, ma mère...

— Où vas-tu?

— Près d'ici.

— Quand reviendras-tu?

— Bientôt.

— Bientôt, — répéta la mourante, — bientôt, ce sera trop tard encore... Je n'ai plus que bien peu de temps à vivre, et je ne veux pas mourir seule...

— Vous vous trompez, — bonne mère, — répondit vivement Agénor; — non-seulement vous ne mourrez pas, mais encore vous serez bientôt mieux portante et presque guérie... Je vais chercher et je vous rapporterai un remède tout puissant...

— A quoi bon?... — répliqua la vieille femme,—pour moi il n'y a pas de remèdes,—mon heure est venue et je remercie Dieu de l'avoir éloignée si longtemps. Je n'ai plus qu'un désir, c'est de sentir ta main dans la mienne quand mon âme s'envolera, et d'avoir sous les yeux les traits chéris de ton visage, tant que mes yeux distingueront quelque chose, et ce ne sera pas long...

— Ma mère!... ma mère!... —s'écria Agénor.

— Oui, mon enfant, — continua la mourante, — reste là, près de moi. — Certes la mort ne m'effraie pas. — J'espère qu'elle ne vient à moi que pour m'ouvrir les portes du ciel, et cependant, s'il me fallait l'attendre dans la solitude et dans l'obscurité, je crois... oui, je crois qu'elle me ferait presque peur...

Agénor porta la main à son front pour ôter son capuchon.

La bise glaciale de la nuit apporta jusqu'à ses oreilles le bruit lointain de la cloche de Cernay qui sonnait onze heures.

Pour aller de la chaumière aux ruines de Montaigu, il fallait près d'une heure. — Agénor le savait.

En même temps le démon tentateur qui poussait au mal l'âme de notre héros lui fit apparaître une double vision.

D'un côté, la fille du gouverneur de Joux,—celle qu'il adorait, — marchant à l'autel, couronnée du rameau d'oranger symbolique.

De l'autre, la dame blanche de Montaigu entr'ouvrant ses souterrains magiques et dévoilant ses amas d'or...

Agénor n'hésita plus.

Il rajusta rapidement son capuchon qui déjà tombait sur ses épaules.

Il ramassa son bâton ferré.

Il déposa un dernier baiser sur la main de sa mère et de nouveau il se dirigea vers la porte.

La mourante comprit ce mouvement.

— Agénor,—murmura-t-elle d'une voix suppliante,—reste auprès de moi... reste... reste...

— Ne me retenez pas, ma mère, — répondit le jeune homme, — il faut que je sorte! — il le faut!...

— Au nom de Dieu qui a permis que je sois ta mère, au nom de ces flancs qui t'ont porté,—au nom de ce sein qui t'a nourri, je te supplie, mon enfant, et au besoin je t'ordonne de veiller sur mon agonie...

— Ma mère... ma mère... — s'écria Agénor avec désespoir, — ne cherchez plus à me retenir, — je ne peux pas, entendez-vous bien, je ne peux pas vous obéir... non... non... je ne peux pas...

— Si tu me quittes, Agénor, je mourrai en t'appelant vainement, et sais-tu que les cris d'une mère, quand elle appelle son fils et quand son fils ne vient pas, sont presque une malédiction...

Agénor avait un pied sur le seuil.

Une exclamation déchirante s'échappa de la poitrine du jeune homme.

Il hésita de nouveau.

Mais cette hésitation fut courte.

Il s'élança au dehors et referma la porte, étouffant ainsi le suprême appel de sa mère.

Il appuya ses deux mains sur ses oreilles pleines de bourdonnements et de bruits étranges, et se mit à courir comme un fou à travers la campagne dans la direction du château de Montaigu.

§

. . . .
. . . .

Agénor arriva près des ruines.

A cent pas à peine, on entrevoyait, ou plutôt on devinait dans l'obscurité la masse gigantesque de la *Pierre qui tourne.*

Le jeune paysan s'en approcha et attendit.

Quelques minutes se passèrent.

Puis le vent du nord lui apporta l'écho des douze vibrations d'un beffroi lointain qui tintait minuit.

Le cœur d'Agénor cessa de battre.

Son sang s'arrêta dans ses veines et ses yeux s'agrandirent.

Une immense terreur s'empara de lui soudain, et un frisson glacial, pareil à celui dont parle l'Écriture, parcourut tout son corps et vint tarir la sueur ardente qui ruisselait sur son front.

En même temps un coup violent, — une sensation d'inexplicable douleur à laquelle succéda un évanouissement profond, — l'étendit sans connaissance sur la neige.

. . . .
. . . .

§

Quand il revint à lui, les premières clartés de l'aube blanchissaient à l'horizon.

Ses membres engourdis lui refusaient le service.

Sa pensée confuse ne lui permettait de se rendre compte ni du lieu dans lequel il se trouvait ni des motifs qui l'y avaient amené.

Auprès de lui la neige était tachée de sang.

XVI

AGÉNOR ET BAPTISTE.

Rien ne nous empêcherait de laisser supposer à nos lecteurs que le fantastique joue un grand rôle dans la chute et dans l'évanouissement d'Agénor.

Nous aurions parfaitement le droit d'insinuer que la dame blanche de Montaigu, justement irritée de la tentative imprudente du jeune aventurier, l'avait puni de son audace.

Ce serait fort mystérieux et fort émouvant, sans doute, mais ce serait faux.

Rien de plus naturel que l'accident arrivé à notre héros et dans lequel ne se manifestait l'intervention d'aucune puissance infernale ou céleste.

Un caillou roulant, détaché par hasard du sommet de la *Pierre qui tourne* et venant frapper Agénor à la tempe, était la seule cause de tout le mal.

Quant à l'apparition de la dame de Montaigu, avait-elle eu lieu, oui ou non? — Voilà ce que nous ne pouvons dire.

Il fallait attendre de nouveau qu'un siècle entier se fût écoulé pour savoir à quoi s'en tenir sur le compte du fantôme à la clef d'or.

§

Agénor, rompu et désespéré, reprit lentement le chemin de sa chaumière.

Il l'entrevit bientôt dans le lointain.

Aucune fumée ne s'échappait du toit couvert de neige.

Tout à l'entour des bandes de corbeaux affamés décrivaient de larges spirales.

On entendait hurler d'une façon lamentable le chien attaché dans l'intérieur.

Agénor, le cœur serré par un pressentiment horrible, hâta ses pas chancelants.

Il atteignit le seuil et ouvrit la porte.

Sa mère était morte!

Le cadavre, déjà froid et raide, tordu par les dernières convulsions de l'agonie, gisait moitié sur le lit bouleversé et moitié sur le sol.

Les yeux étaient largement ouverts, mais les prunelles avaient tourné et l'on ne voyait que le globe injecté de sang.

La bouche contractée gardait sur ses lèvres béantes une expression de prière et de désespoir

Agénor se jeta à genoux à côté de cette couche sinistre, en sanglotant et en se frappant la tête contre le sol durci.

Pendant plusieurs jours on crut qu'il était devenu fou, car il racontait à chacun l'étrange histoire de sa mère morte en l'appelant, tandis qu'il était allé dans les ruines chercher le trésor inconnu.

Les vieillards le plaignaient.

Les jeunes filles ne lui souriaient plus.

Les petits enfants s'éloignaient de lui avec épouvante.

Enfin, un beau matin, un sergent aux gardes françaises, raccolant pour le compte de Sa Majesté, arriva dans le pays.

Agénor lui donna sa liberté plutôt qu'il ne la vendit, et partit avec lui.

Nos lecteurs ont déjà pu apprécier quels changements dix années de service avaient apporté dans l'esprit, dans les habitudes, dans les mœurs, dans le langage, et jusque dans l'apparence du jeune homme.

Et maintenant rien ne nous empêche de renouer au plus vite le fil un instant interrompu de notre récit.

§

A la fin de la première partie de ce livre, nous avons laissé trois de nos personnages, maître Chapelle, Agénor et Baptiste Médard, attablés dans la pièce principale du logis de l'intendant.

Agénor venait de dévoiler d'une façon assez brusque la couardise du jeune Médard, très-peureux et très-fanfaron, comme nous savons, et ce dernier lui lançait à la dérobée de sinistres regards.

— Mais,—reprit Agénor d'un air dédaigneux, en désignant Baptiste, — c'est assez nous occuper de ce piètre sire, mon cher oncle; parlons d'autre chose, s'il vous plaît...

— Ça me plaît fort... — répliqua maître Chapelle.

— Il s'agissait tout à l'heure de ma cousine Blanche, si je ne me trompe...

— Et de sa migraine, mon garçon.

— Eh bien, mon oncle, migraine ou non, je demande ma cousine, — je tiens essentiellement à la voir le plus tôt possible et à l'embrasser sur les deux joues! Ainsi faites-la prévenir que son cousin Agénor est arrivé céans, sinon je viole la consigne et je m'introduis dans son huis-clos.

— Tu entends, Mariolle, — dit maître Chapelle à la grosse servante.

— Pardine, c'est sûr que j'entends,—répond la paysanne

en sortant, — j'vas prévenir not' demoiselle, et j' vous promets bien qu'elle ne sera plus malade à cette heure, tout de même.

En effet, au bout de deux ou trois minutes, Blanche venait rejoindre son père, son cousin, et son piteux fiancé.

§

Nos lecteurs comprendront sans peine quel dut être l'étonnement du garde française, en face de la beauté si chaste, si suave, si idéale en quelque sorte, de la charmante fille.

Agénor ne s'attendait à rien de semblable...

Il croyait voir paraître une bonne grosse gaillarde, fraîche et robuste, digne héritière du large embonpoint et des vives couleurs de maître Chapelle.

Au lieu de cela, c'était une forme presque vaporeuse, une svelte élégance de contours, un pâle et doux visage.

Enfin, et nous nous servons d'une comparaison artistique pour rendre notre pensée, qu'on suppose une vierge de Raphaël, à la place d'une paysanne flamande de Rubens.

L'effet de cette apparition fut immense sur le jeune homme, il se sentit tout à la fois charmé et embarrassé.

Il perdit à l'instant même et comme par miracle son ton soldatesque et sa vive galanterie de garde française.

Il se montra respectueux, presque timide, et, chaque fois que Baptiste Médard voulut hasarder un mot dans la conversation, il lui lança des regards irrités qui ne présageaient rien de bon pour les reins de l'intéressant jeune homme.

Blanche ne tarda guère à se retirer.

Elle était véritablement souffrante, et elle regagna sa chambre.

— Eh bien! que dis-tu de ta cousine? — demanda maître Chapelle à Agénor, aussitôt après le départ de Blanche.

— Je dis, parbleu! que c'est un ange!...—s'écria le soldat avec exaltation... — c'est un ange que l'faudrait adorer à genoux et servir de même, sa vie durant! Voilà ce que j'en dis, et voilà ce que j'en pense!...

— Décidément l'ami Baptiste est un gaillard heureux! — fit maître Chapelle en riant et en frappant joyeusement sur l'épaule du dadais

— Faudra voir! faudra voir! — murmura tout bas Agénor en frisant sa moustache droite. — Dites donc, mon oncle, — ajouta-t-il à haute voix, — ne pensez-vous pas qu'il se fait tard et qu'il est bon que ce jeune monsieur regagne ses pénates, s'il ne veut être croqué, chemin faisant, par le loup blanc ou gris, pour lequel il me prenait il y a deux heures...

— A propos, qu'est-ce que c'est donc que ce loup, mon oncle?...

— Ce que c'est que le loup noir! —murmura maître Chapelle en se signant dévotement.

— Oui, mon oncle,—je n'entends parler que de lui depuis mon arrivée, et je désire des renseignements.

— Écoute donc.....

Et maître Chapelle commença le récit des forfaits du loup noir, récit qu'il termina par ces mots:

— Enfin, c'est le diable en personne!

— Faudra voir!—faudra voir!—répéta de nouveau Agénor à demi-voix, en frisant sa moustache gauche.

Pendant tout le temps de la narration de l'intendant, le jeune Baptiste Médard avait tremblé et frissonné dans son coin.

Quand maître Chapelle eut fini, il essaya, mais vainement, de faire bonne contenance.

— Eh bien, cher monsieur, — dit Agénor en s'adressant à lui, — brave comme vous êtes, ce n'est pas un loup qui peut vous faire peur, et j'imagine que vous allez vous remettre en route.

— Tout seul! —s'écria Baptiste.

— Mon oncle aura bien une carabine ou un mousqueton à

vous prêter, ce qui, ajouté à vos pistolets et à votre couteau de chasse, formera un arsenal assez recommandable.

— Mais... — voulut dire Baptiste.

— Ah çà, — interrompit Agénor, — décidément, cher monsieur, vous êtes donc peureux comme un lièvre et capon comme la lune?... c'est fort vilain, cela, à votre âge!...

— Baptiste Médard, — ajouta maître Chapelle, d'un ton solennel et emphatique, je dois vous prévenir que je ne veux pour mon gendre qu'un garçon courageux, et que si vous me forcez à revenir sur l'opinion que je m'étais formée sur votre compte, il est inutile de songer davantage à obtenir la main de ma fille.

— Bravo, mon oncle!... — fit Agénor.

Le visage de Baptiste Médard devint successivement livide, verdâtre, puis cramoisi.

La terreur et la colère se peignirent dans ses yeux, puis, comme il était indispensable de prendre un parti, et comme Agénor l'épouvantait presque autant que le loup noir, il rajusta à sa ceinture son attirail de guerre, il remit sur sa tête son vieux feutre gris à larges bords et il descendit à l'étable pour seller et brider Rossignol, au grand chagrin du triste bidet qui rêvait, devant un râtelier bien garni, les douceurs d'une nuit de repos.

— Au revoir, maître Chapelle... — dit Baptiste en enfourchant sa monture.

— Bon voyage! — lui cria Agénor d'un ton railleur, — et si vous rencontrez le loup noir, ne manquez pas, jeune homme, de lui présenter mes hommages...

Baptiste se sentit défaillir.

Cependant il serra les jambes autour des flancs de Rossignol, dans le ventre duquel il enfonça ses larges éperons, et il partit au plus rapide galop de sa monture bête.

Maître Chapelle referma la porte avec ses précautions habituelles et regagna le premier étage, accompagné par son neveu, qui riait aux éclats de la déconvenue de son rival.

XVII

BLANCHE.

Ce n'est pas sans dessein que nous avons terminé le précédent chapitre par les mots : son rival.

Agénor était en effet le rival de Baptiste Médard.

Le soudard aux mœurs faciles, — le garde française dissolu, le hardi galant des jolies ravaudeuses du quartier Saint-Antoine et des grisettes des Porcherons, — s'était subitement épris de sa cousine, cette belle enfant si poétique et si pure.

L'amour vit de contrastes, dit-on.

Cet aphorisme, plus ou moins erroné devait, cette fois du moins, recevoir son application.

Maintenant, Agénor avait-il des chances de réussir auprès de Blanche?

Nous répondrons hardiment : — Oui.

Voici pourquoi.

Si, dans les premières pages de ce livre, nous sommes parvenu à rendre notre pensée d'une façon suffisante en esquissant le portrait de la jeune fille, nos lecteurs ont dû comprendre qu'il n'y avait rien de vulgaire dans le caractère et dans l'esprit de Blanche, non plus que dans son apparence extérieure.

Cette belle enfant, — disions-nous, — ressemblait à la jeune fille créée par Ary Scheffer dans son tableau si poétique et si charmant : *Mignon regrettant sa patrie.*

Blanche était d'une nature romanesque et impressionnable au plus haut point, et cette disposition innée avait été développée encore, sinon par l'éducation qu'elle avait reçue, du moins par celle qu'elle s'était donnée à elle-même.

Blanche avait jusqu'alors vécu seule, sans amies, sans plaisirs, mais heureuse de cette existence solitaire qu'elle avait trouvé moyen de remplir.

Blanche aimait les fleurs.

Mais non pas ces pauvres fleurs quasi esclaves qui vivent dans un jardin et étalent leurs brillantes couleurs parmi les dessins symétriques d'une plate-bande bien dessinée.

Elle aimait ces humbles corolles qui se cachent sous la mousse, au fond des bois, et ne se trahissent que par leur parfum faible et doux.

Blanche aimait les oiseaux.

Mais non pas ces tristes prisonniers qui chantent, dans une volière ou dans une cage, l'hymne de la captivité.

Elle aimait ces joyeux oisillons, fils du printemps, de l'air et de la liberté, qui gazouillent en plein soleil sur les chênes et sur les sapins, ou qui font retentir leur appel d'amour dans le calme silence des belles nuits d'été.

Elle aimait le murmure de l'eau qui court en clapotant sur un lit de cailloux.

Elle aimait les larges perspectives, coupées d'ombres et de lumières, dans les avenues de la forêt.

Elle aimait tout ce qui fait rêver une jeune âme et battre un jeune cœur.

Un jour, — en fouillant les rayons poudreux d'une armoire inexplorée depuis bien longtemps, — Blanche avait découvert une centaine de volumes reliés en parchemin moisi et dont une poussière presque séculaire souillait les tranches rouges.

A partir de ce jour, Blanche avait eu des amis.

Car ces livres étaient les ménestrels du moyen-âge et les poëmes de la chevalerie.

C'étaient le *Roman de la Rose*, — les *Aventures du Petit Jehan de Saintré et de la Dame des Belles Cousines,* — *Amadis des Gaules,* — les *Fils Aymon,* etc., etc.

La jeune fille avait dévoré tout cela.

Son intelligence active, mais chaste et virginale, avait passé sans se comprendre à côté des réalités trop matérielles qu'elle rencontrait à chaque page dans ces livres, et s'était éprise d'un ardent enthousiasme pour les types de loyauté, de courage et d'amour, héros de ses poétiques rêveries.

A partir de ce moment, elle avait vécu dans un monde idéal, duquel elle ne pouvait sortir que pour contempler avec un suprême dédain le monde si vulgaire et si froid qui l'entourait.

Qu'on juge, en effet, de l'impression que devait lui produire, à elle, la fiancée des paladins de la table ronde, le jeune Baptiste Médard, aspirant à sa main.

Or, Baptiste Médard et les lourds paysans du village de Cernay étaient les seuls jeunes gens que Blanche eût vus jusqu'à ce jour.

Agénor arrivait.

Certes, le garde française ne pouvait passer ni pour un Renaud de Montauban, ni pour un Amadis des Gaules; mais enfin, de Baptiste Médard à lui la distance était plus grande que de lui à ces chevaleresques guerriers.

Vous voyez donc bien que nous avions raison d'affirmer qu'à tout prendre Agénor avait des chances.

§

Laissons de nouveau s'écouler un intervalle de six mois, ce qui nous reporte à la fin du mois d'août.

Agénor, de plus en plus épris de sa cousine à laquelle il n'osait point encore, cependant, parler de son amour, avait presque entièrement rompu avec toutes ses habitudes soldatesques, et, à la grande édification de maître Chapelle, i faisait valoir activement et courageusement un petit bien dont il avait hérité d'un de ses oncles, mort pendant son absence du pays.

Baptiste Médard n'avait pas renoncé à ses intentions sur Blanche.

Il espérait toujours devenir le mari de la jeune fille, mais il ne se décidait que bien rarement à se présenter chez maître Chapelle, qui l'accueillait avec une froideur extrême depuis la scène à laquelle nous avons fait assister nos lecteurs.

D'ailleurs, il redoutait plus que nous ne saurions le dire la rencontre d'Agénor, pour lequel il éprouvait une haine mêlée de beaucoup d'épouvante.

Cependant il ne se désespérait point trop, et basait de sérieuses espérances sur l'engagement presque positif pris par maître Chapelle vis-à-vis de son père, et sur la fortune de ce dernier qui faisait de lui, Baptiste, le seul parti convenable pour Blanche, à dix lieues à la ronde.

La jeune fille pensait à son cousin un peu plus qu'elle n'aurait voulu se l'avouer à elle-même.

Enfin le Loup noir semblait avoir quitté le pays, car depuis plusieurs mois on n'avait point entendu parler de ses exploits sinistres.

§

Nous avons dit que la maison habitée par maître Chapelle donnait d'un côté sur la rue, et de l'autre sur le parc du château.

Maître Chapelle, assis près de l'une des fenêtres entr'ouvertes de la pièce principale de son habitation, trinquait d'un air grave et solennel avec un petit homme installé en face de lui et duquel il n'était séparé que par un guéridon portant des bouteilles et deux verres.

Ce petit homme cumulait les fonctions de *magister*, de marguillier, de sonneur, de sacristain et de fossoyeur du hameau de Cernay.

Il était huit heures du soir.

La journée avait été chaude et orageuse; — de grands nuages couraient sur la surface du ciel et le crépuscule descendait rapidement.

— A votre santé, compère Matthieu! — fit maître Chapelle en tendant son verre au petit homme.

— A la vôtre! répliqua ce dernier en choquant les deux gobelets remplis d'un petit vin des coteaux du Jura.

— Vous disiez donc?... — reprit l'intendant après avoir bu.

— Je disais que c'est demain le service du *bout de l'an* de ce pauvre Bernard...

— Comment!... déjà?

— Dame! oui.

— Comme le temps passe!... Il me semble que c'est hier que le malheur est arrivé!...

— Ah! c'est qu'un *accident* comme celui-là, ça ne s'oublie pas facilement...

— Je crois bien! un homme mangé tout vivant!...

— Et la nuit de ses noces, encore!

— Quel guignon! — Vous n'y étiez pas, vous, compère Matthieu?...

— Non; — j'avais un enterrement ce jour-là.

— Est-ce que le service sera beau?

— Superbe! — Notre monsieur le curé veut qu'on en parle dans le pays...

— Ah! ah! qu'est-ce qu'il y aura donc?...

— D'abord, il y aura la grand'messe avec un sermon fait tout exprès sur ce texte des Saintes-Écritures : *Vanitas vanitatum, et omnia vanitas!*

— Ah! ah! et ensuite?

— Ensuite on étrennera un beau goupillon tout neuf pour jeter l'eau bénite sur le cercueil.

— Un goupillon tout neuf! et d'où vient-il?

— C'est notre monsieur le comte qui l'a envoyé à notre monsieur le curé avec une chasuble et un ostensoir.

— Très-bien! — Et après la cérémonie!

— Tout le village s'en ira processionnellement à la *Combe au Diable*, et notre monsieur le curé fera des prières pour que le bon Dieu délivre le pays du *Loup noir*, et reçoive en son saint paradis l'âme de ce pauvre Bernard qui est mort sans confession! — Vous y viendrez, maître Chapelle?...

— Mais... — répondit l'intendant avec une hésitation manifeste; à la *Combe au Diable*... je ne sais trop...

— Bah! que voulez-vous qui vous arrive, puisque vous serez avec notre monsieur le curé et les bannières de la paroisse?...

— Au fait, c'est juste, compère Matthieu, j'irai et j'y conduirai Blanche... Ça lui sera une distraction, à cette pauvre enfant...

Maître Chapelle remplit de nouveau son verre et dit :

— A votre santé, compère!

— A la vôtre! — répliqua le magister.

En ce moment Agénor entra dans la pièce où se trouvaient les deux interlocuteurs.

XVIII

LES DEUX DEMANDES.

Agénor semblait distrait et préoccupé.

Évidemment ce n'était point à maître Chapelle qu'il avait affaire, car il ne répondit qu'à peine à l'accueil cordial et presque paternel de ce dernier, et son regard, errant autour de lui, paraissait chercher une personne absente.

Agénor ne portait plus son uniforme de garde française.

Il avait adopté le costume des paysans franc-comtois.

Mais, sous ces vêtements amples et disgracieux, on devinait la force et l'élégance de ses membres souples et robustes, et sa tournure gardait un laisser-aller pittoresque, bien différent de l'allure rustique et pataude de ses compatriotes.

De plus, il avait conservé ses moustaches retroussées et la coupe militaire de sa coiffure.

En somme, Agénor était un très-beau garçon.

Après avoir répondu quelques mots aux paroles diffuses de son oncle, Agénor s'approcha de l'une des fenêtres qui donnaient sur le parc.

A travers l'obscurité croissante, il distingua sous une tonnelle de verdure une forme blanche immobile.

Il tressaillit et quitta immédiatement la fenêtre.

Il avait deviné sa cousine.

A partir de ce moment, il devint aussi parleur et communicatif, qu'il avait été jusqu'alors silencieux et contraint.

Il accabla son oncle de prévenances et de compliments.

Puis, au bout de quelques minutes, il trouva un prétexte pour se retirer, et il quitta maître Chapelle en lui donnant rendez-vous pour le lendemain, au service qui devait se célébrer en l'honneur du pauvre Bernard.

Mais, au lieu de s'éloigner de la maison, il ouvrit avec précaution une petite porte du rez-de-chaussée qui communiquait avec le parc, et, à la faveur des ténèbres, il se coula le long de la muraille et inaperçu jusqu'à la tonnelle de verdure sous laquelle se trouvait sa cousine.

Blanche était assise sur un banc rustique.

Sa tête se penchait sur sa poitrine.

Elle avait les yeux baissés, et ses deux petites mains étaient jointes sur ses genoux.

Le bruit léger des pas d'Agénor lui fit lever la tête.

En apercevant son cousin devant elle, elle ne put retenir un faible cri.

— C'est moi... — dit Agénor à voix basse; — c'est moi, Blanche, n'ayez pas peur...

La jeune fille ne songeait point à avoir peur, mais sa poitrine émue se soulevait violemment sous la blanche étoffe de sa robe.

Elle se recula sur le banc, de manière à faire un peu de place à Agénor, qui s'assit à côté d'elle et prit sa main, qu'elle ne retira pas.

Cette main était tremblante.

Pendant un instant les deux jeunes gens gardèrent le silence.

Blanche fut la première à le rompre.

— Peut-être cherchez-vous mon père?... — dit-elle avec une adorable fourberie de jeune fille.

— Non, répondit Agénor, — je le quitte, et c'est vous que je cherchais.

— Moi! — reprit Blanche avec une feinte surprise, — et pourquoi faire?...

— J'ai beaucoup à vous parler, chère cousine... — dit Agénor avec hésitation.

— Ah! — balbutia la jeune fille.

— A vous parler de vous... — continua Agénor, — de vous... et de moi...

Cette fois Blanche ne répondit pas.

Il se fit un nouveau silence.

Le garde française serra plus fortement la main de sa cousine et reprit :

— Blanche, je vous aime...

La jeune fille essaya de dégager ses doigts frêles et charmants de l'étreinte ardente d'Agénor; — mais cet effort fut si faible qu'il resta sans résultat.

— Je vous aime, — poursuivit l'ancien soldat, — je vous aime de toutes les forces de mon âme, et je crois... je crois, Blanche, que vous m'aimez aussi...

Les ténèbres ne permirent pas de distinguer l'épaisse rougeur qui vint, à ces derniers mots, empourprer les joues de la jeune fille.

Elle baissa la tête et garda le silence.

Mais, dans le calme profond de la nuit, on entendait battre son cœur.

— N'est-ce pas... n'est-ce pas que vous m'aimez? — murmura Agénor d'une voix si suppliante, que Blanche, sans le vouloir, sans le savoir peut-être, abandonna plus mollement sa main frémissante à la main du jeune homme, et que ses lèvres laissèrent s'échapper ces paroles indistinctes :

— Oui... oh! oui... je vous aime!...

Après cet aveu si complet, mais si chaste, arraché presque par surprise de l'âme virginale de Blanche, les deux amants, pendant quelques minutes, n'échangèrent pas un mot et restèrent perdus dans les abîmes de bonheur d'un amour pur et profond.

Mais bientôt, éclairée par son instinctive pudeur, Blanche comprit qu'elle ne pouvait pas, qu'elle ne devait pas demeurer seule plus longtemps avec celui auquel elle venait de dire : — Je vous aime! — et elle se leva pour s'éloigner.

Agénor la retint.

— Un mot, un mot encore, — lui dit-il.

Blanche s'arrêta.

— Vous êtes promise à un autre... — continua le jeune homme.

— Mais cet autre... — s'écria Blanche, — cet autre, je ne l'aime pas!...

— Je parlerai demain à votre père, — poursuivit le jeune homme avec exaltation; — je lui dirai tout, je le supplierai de vous donner à moi, et fasse le ciel qu'il accueille ma prière, car cet autre qu'on veut que vous destine, — aussi vrai que Dieu nous entend! — je le tuerais s'il l'emportait sur moi!...

Blanche n'en écouta pas davantage et elle s'enfuit vers la maison comme une biche effarouchée.

Agénor, demeuré seul, se laissa tomber sur le banc, à la place que sa cousine venait de quitter, et resta longtemps immobile, la tête cachée dans ses mains.

§

En même temps qu'avait lieu, dans le parc du château de Cernay, la scène à laquelle nous venons de faire assister nos lecteurs, voici ce qui se passait dans la pièce principale du logis de maître Chapelle :

Le magister venait de se retirer.

Mariolle introduisit deux nouveaux personnages.

Ces personnages n'étaient autres que le sieur Médard, l'intendant du marquis de La-Demie, escorté de son fils Baptiste.

Maître Chapelle, à la vue de ce dernier, fronça légèrement le sourcil. — Cependant il accueillit les visiteurs avec une politesse cérémonieuse.

— A quoi dois-je le plaisir et l'honneur de votre venue, mon cher confrère?... — demanda-t-il au sieur Médard en lui tendant la main.

— Nous venons, mon fils et moi, causer avec vous d'une affaire qui nous intéresse au plus haut point tous les trois.

— Ah!... ah!...

— Vous devinez de quoi il s'agit?

— Mais, à parler franc, je m'en doute. — Vous voulez parler de certains projets...

— Projets de mariage...

— C'est cela même.

— Vous vous souvenez que cette union était une chose arrêtée entre nous?...

— Sans doute, mais...

— Vous vous souvenez que vous sembliez désirer vivement la conclusion de cette affaire?

— Sans doute, mais...

— Et, — interrompit de nouveau le sieur Médard, — comme je ne sache pas qu'il soit survenu quelque fait de nature à modifier vos vues à ce sujet, nous venons, mon fils Baptiste et moi, vous presser de prendre jour pour la célébration de ce joyeux et heureux hyménée.

— Hum! hum!... — fit maître Chapelle en se grattant le front.

— Qu'est-ce à dire?... hésiteriez-vous?...

— Je ne dis pas cela, mais...

— Mais quoi?...

— Je ne vous dissimulerai point, mon cher confrère, que, nonobstant les sentiments de haute estime que je nourris à votre endroit, le mariage en question me sourit beaucoup moins qu'autrefois...

— En vérité?...

— Mon Dieu, oui.

— Et puis-je au moins savoir...

— D'où vient ce revirement dans mon opinion?

— Précisément.

— Rien n'est plus facile. — Je m'étais trompé sur le compte de monsieur votre fils, Baptiste Médard, ici présent...

— Qu'avez-vous à lui reprocher?

— Sa poltronnerie. — Ce jeune homme que je croyais brave comme un lion est, j'en ai acquis la certitude, *plus capon que la lune.*

Baptiste ouvrit la bouche pour entreprendre une justification.

— Chut! — lui dit son père avec un geste et un regard qui signifiaient évidemment :

— Pas un mot, ou sinon vous allez tout gâter!

Baptiste comprit ce regard et se tut.

Le sieur Médard répondit :

— Voyons, mon compère, causons sérieusement, s'il vous plaît, comme il convient entre gens de notre âge et de notre poids...

— Je ne demande pas mieux, — répliqua maître Chapelle.

— Il est impossible, — poursuivit son interlocuteur, — il

3

est impossible que vous repoussiez l'alliance de mon fils pour une raison aussi futile que celle que vous mettiez en avant tout à l'heure...

— Mais si...

— Mais non! cent fois non! — s'écria l'intendant du marquis de La-Demie ; réfléchissez donc un peu! — J'admets, pour vous être agréable, que mon fils Baptiste ne soit pas précisément un héros, — à quoi sert, je vous prie, la valeur en ménage? — Baptiste est destiné, non point à devenir capitaine, mais bien à me remplacer un jour dans mes fonctions d'intendant, et je vous jure qu'il n'aura point besoin de tirer l'épée comme un fier-à-bras pour tenir ses comptes parfaitement en règle!...

— Il y a quelque chose de vrai dans ce que vous dites là, — fit maître Chapelle.

— Non pas quelque chose, mais tout, absolument tout, — reprit le sieur Médard. — Je vois avec plaisir que vous vous rendez à l'évidence, mon compère; d'ailleurs j'ai à vous soumettre des raisons plus sérieuses encore...

— Voyons un peu.

— Je suppose que vous évinciez définitivement mon fils Baptiste. — J'imagine que vous n'avez point l'intention de voir mademoiselle Blanche, votre fille, coiffer sainte Catherine à perpétuité...

— Non, morbleu!

— Vous ne devez pas non plus, je le présume, avoir le moindre désir de la donner au premier venu qui s'avisera de vous demander sa main.

— Non, fichtre!

— Eh bien, mon compère, — ajouta le sieur Médard d'un ton triomphant, — où diable prétendez-vous trouver dans le pays, je vous prie, un parti de dix mille écus comme mon fils Baptiste?...

— C'est vrai, — murmura maître Chapelle ébranlé.

— Vous voyez donc, — continua l'intendant du marquis de La-Demie, d'un air éminemment persuasif, — vous voyez donc qu'il ne vous reste qu'à vous décider immédiatement, à nous donner votre parole et à prendre jour avec nous pour la solennité qui fera le bonheur de ces deux jouvenceaux...

— Hum! hum! — fit maître Chapelle.

— Comment! encore hum! hum! — qu'est-ce que cela signifie et qu'avez-vous à répondre?...

— Rien...

— Eh bien?

— Eh bien, mon compère, — dit résolûment le père de Blanche, — je vous demande la nuit pour réfléchir.

— Soit.

— Venez demain, vous et votre fils, à la messe mortuaire qui se célèbre en grande pompe, et, aussitôt après le service funèbre, vous saurez définitivement à quoi vous en tenir...

— Pourquoi ces retards inutiles?...

— Je ne veux rien faire sans avoir consulté ma fille.

— Allons, comme vous voudrez. — Au revoir, compère, et à demain! ...

— A demain? — dit maître Chapelle.

XIX

L'ANNIVERSAIRE.

Le lendemain, au point du jour, Agénor frappait à la porte de maître Chapelle.

Mariolle l'introduisit auprès de l'intendant.

Ce dernier se faisait la barbe devant un petit miroir suspendu à l'une des fenêtres.

La moitié de sa figure était couverte de mousse.

Rien n'était plus drôlatique que cette large face, mi-partie rouge et mi-partie blême, — écarlate d'un côté et revêtue de l'autre de la blanche écume du savon.

En entendant entrer Agénor, maître Chapelle tourna la tête.

— Tiens, te voilà, mon garçon, — dit-il; — par quel hasard de si grand matin?...

— J'ai à causer avec vous, mon oncle, et de choses sérieuses...

— Ah! ah!

— Il s'agit... de mon avenir...

— Diable!

— Il s'agit du bonheur ou du malheur de ma vie...

— Peste!

— Ne riez pas, mon oncle...

— Je n'ai garde, mon neveu!

— Et écoutez-moi...

— C'est ce que je fais de toutes mes oreilles.

— Il faut vous dire, d'abord...

Agénor s'arrêta.

— Eh bien? — demanda l'intendant.

— Il faut vous dire... — recommença le jeune homme...

Mais il s'interrompit de nouveau.

Maître Chapelle tendait le cou et n'entendait rien.

— Voyons, mon garçon, — fit-il, — où donc en veux-tu venir?...

Agénor prit son courage à deux mains.

— Au diable les hésitations et les détours! — s'écria-t-il; — j'aborde nettement et carrément la question.

— A la bonne heure!

— Mon oncle...

— Mon neveu?...

— J'aime ma cousine Blanche, et je vous la demande en mariage...

— Oh! oh! — fit maître Chapelle stupéfait.

Et, dans son étonnement, il laissa tomber par terre la houppe à savonner qu'il tenait à la main.

— Oh! oh! — répéta-t-il sur deux tons différents, — comment! mon garçon, tu aimes ma fille!...

— De toute mon âme!

— Et je ne m'en doutais pas!...

— Qu'importe, mon bon oncle, pourvu que vous approuviez cet amour...

— Diable! diable! comme tu y vas! je n'ai point dit cela, ni rien de semblable!...

— Mais vous le direz, n'est-ce pas, mon oncle? — s'écria Agénor, fort encouragé par l'expression presque bienveillante des réponses de l'intendant.

— Nous causerons de cela plus tard; mais d'abord, Blanche t'aime-t-elle?...

— Je l'espère.

— C'est-à-dire que tu en es sûr!...

— Dame!...

— Te l'a-t-elle dit?...

— A peu près...

— Voyez-vous, la petite sournoise!...

— Mon oncle...

— Mon Dieu, je ne lui en veux pas... seulement je m'étonne de ne m'être aperçu de rien, moi qui cependant suis assez clairvoyant d'habitude...

— Ainsi, mon oncle, vous approuvez?...

— Ce n'est pas sûr, car enfin...

— Enfin, quoi?

— Je suis presque engagé avec un autre...

— Vous vous dégagerez!...

— C'est facile à dire...

— C'est encore plus facile à faire!

— Cependant...

— Oh! mon oncle... mon cher oncle, — s'écria Agénor suppliant, — serait-il possible que vous missiez Baptiste Médard en balance avec votre neveu Agénor, qui vous aime tant et qui rendra votre fille si heureuse !...

— Le drôle est persuasif ! —murmura maître Chapelle.

Puis il ajouta :

— Enfin, nous verrons...

— Voyez tout de suite, cher oncle.

— Non; — je veux réfléchir.

— A quoi bon ?...

— J'y tiens... je te répondrai...

— Quand ?

— Demain.

— C'est trop loin, cher oncle !... .

— Eh bien, ce soir.

— Trop loin encore ! je mourrais d'impatience et d'anxiété jusque-là !...

— Quel garçon !... tu me donneras bien deux heures, j'imagine !...

— Va pour deux heures, mon oncle, mais elles me sembleront bien longues...

— Après le service mortuaire je te dirai mon dernier mot.

— Et ce mot sera : *Oui*, n'est-ce pas ?

— Tu verras.

— Enfin, je puis espérer ?...

— Rien ne t'en empêche; l'espérance est une chose excellente et qui console de bien des maux !...

Et maître Chapelle, après avoir ri aux éclats de cette plaisanterie qu'il trouvait éminemment spirituelle, ramassa sa houppe et continua le travail un instant interrompu de son menton à défricher.

Agénor quitta la maison, tout joyeux et rempli d'espoir

§

L'église de Cernay était remplie de monde.

Le maître-autel était tendu de noir.

Au milieu de la nef s'élevait une sorte de catafalque, formé d'un cercueil vide posé sur deux tréteaux et recouvert d'un drap mortuaire semé de larmes d'argent.

Au pied du cercueil était placé un vase de cuivre, rempli d'eau bénite.

Chacun des assistants venait successivement prendre le goupillon qui trempait dans ce vase, et répandre sur le cercueil quelques gouttes de l'eau consacrée.

La funèbre cérémonie touchait à sa fin, quand tout à coup on vit entrer dans l'église un nouveau personnage dont la présence fit naître dans la foule un douloureux frémissement.

Ce personnage n'était autre que Pierrette, la pauvre folle, la vierge veuve.

Nous savons déjà que, depuis l'épouvantable catastrophe de la nuit de ses noces, Pierrette habitait, seule avec sa mère, la chaumière de Bernard.

Nous savons aussi que son délire était presque toujours doux et calme, répandant les fleurs de l'illusion et de l'espérance sur l'horrible réalité.

Ce matin-là, sa mère l'avait laissée abandonnée à elle-même dans la chaumière où elles vivaient toutes deux.

—Sans doute, pensait-elle, la malheureuse enfant s'occuperait comme de coutume à cueillir des fleurs sauvages sur la lisière de la forêt et à en tresser des guirlandes.

Mais, à peine Pierrette s'était-elle trouvée seule, que son idée fixe était revenue l'assaillir avec plus de force.

Elle se persuada que le jour de son mariage était arrivé et que Bernard l'attendait à l'église.

Et elle songea à se revêtir de sa parure de fiancée.

Aussitôt la jeune femme se mit à fouiller tous les coins et tous les recoins de la chaumière pour y trouver des vêtements convenables.

Elle finit par découvrir dans le tiroir d'un vieux bahut les lambeaux ensanglantés d'une robe blanche.

C'était la robe de noce qu'elle avait portée un an auparavant, jour pour jour.

Pierrette se couvrit en toute hâte de ces tristes débris.

En guise de bouquet de mariée elle attacha sur sa poitrine amaigrie un bouquet de fleurs d'églantine.

Quelques feuilles de chêne, entremêlées aux longues tresses de ses cheveux blonds, lui tinrent lieu de couronne nuptiale.

Puis, ainsi parée, et toute joyeuse de cette parure qui lui promettait un bonheur longtemps rêvé, elle attendit Bernard.

Bernard ne venait pas.

Les minutes semblaient des heures à Pierrette.

Tantôt elle s'asseyait avec une fiévreuse impatience dans le fond de la chaumière.

Tantôt, haletante d'inquiétude et de désir, elle courait sur le seuil, guettant de son regard avide la venue de son fiancé.

Soudain elle se frappa le front.

— C'est à l'église qu'il m'attend ! — pensa-t-elle. — Mon Dieu ! mon Dieu ! pourvu que je ne sois pas en retard !...

Et elle prit sa course du côté de l'église.

Au moment où Pierrette entra dans l'église, ses lèvres murmuraient tout bas et d'une façon presque indistincte le refrain de sa chanson favorite :

> Quand dans la nature
> Tout chante et murmure,
> Quand des eaux et des bois
> Chantent les douces voix,
> Dans mon âme s'élève
> Un chant, doux comme un rêve,
> Et ce chant
> Si touchant,
> Que j'entends nuit et jour,
> C'est le chant de l'amour !

Mais à peine eut-elle fait quelques pas dans la nef qu'elle s'interrompit et promena tout autour d'elle le regard de ses grands yeux étonnés.

— Je ne vois pas Bernard !... dit-elle.

Puis, s'approchant d'une paysanne agenouillée, elle lui demanda :

— Où est-il ? voilà tous les gens de la noce... savez-vous s'il est arrivé, lui, mon fiancé ?

La paysanne fondit en larmes sans répondre à Pierrette.

— Vous pleurez, pauvre femme !...—reprit cette dernière, — dites-moi, pourquoi pleurez-vous ?

Pierrette regarda de nouveau autour d'elle et sembla comprendre que la cérémonie qui s'accomplissait dans l'église était une cérémonie funèbre.

— Ah ! — dit-elle, — des cierges, des draps noirs, un cercueil !... — qui donc est mort sans que je le sache ?...

Et elle continua en s'adressant à la femme à qui elle avait déjà parlé :

— Peut-être pleurez-vous parce que vous aimiez celui dont le corps est là !... je vais prier avec vous pour que Dieu ait pitié de l'âme du défunt et me conserve mon Bernard.

Pierrette s'agenouilla dévotement sur une dalle et pria pendant un instant, puis elle se releva et alla d'un pas lent et mesuré jeter sur le catafalque quelques gouttes d'eau bénite.

A ce moment toutes les femmes qui se trouvaient dans l'église éclatèrent en sanglots, et les hommes eux-mêmes sentirent leurs paupières se mouiller.

Pierrette ne parut point s'apercevoir de l'impression profonde que venait de causer son action.

Elle s'approcha du chœur et s'appuya contre la grille qui le séparait du reste de l'église.

Là elle murmura à demi-voix :

—Bernard va venir... mais comme il tarde ! comme il tarde !

Puis, sans transition elle ajouta :

— En ce moment l'église est bien triste... tout à l'heure elle sera joyeuse... après l'enterrement, la noce...

Ensuite elle pencha sa tête sur sa poitrine et elle attendit en silence.

§

Cependant le service funèbre venait de s'achever.

On s'apprêtait à se rendre processionnellement à la *Combe au Diable.*

Le curé marchait en tête, toujours vêtu de la chasuble noire à croix d'argent.

Puis venaient les enfants de chœur.

Les hommes suivaient et les femmes fermaient la marche.

— On va chercher mon fiancé, — se dit Pierrette, — j'y veux aller aussi...

Elle se joignit à la foule.

La procession se mit en marche et sortit du village en chantant les psaumes de la pénitence.

Bientôt elle atteignit les premiers arbres de la forêt et disparut dans les sinuosités étroites d'un sentier couronné de feuillage.

. . . .

. . . .

On atteignit les bords redoutés de la *Combe au Diable.*

Les plus hardis et les moins croyants se signèrent en approchant du gouffre.

Les bannières s'abaissèrent.

Chacun mit un genou en terre.

Et toutes les voix s'unirent pour psalmodier lentement les versets du *De profundis.*

C'était un spectacle étrange et solennel que celui de cette multitude agenouillée, sous ce beau ciel, au milieu de cette nature magnifique, et chantant en plein soleil les lugubres mélodies du psaume suppliant, qui d'habitude ne retentissent guère que sous les voûtes humides et sombres d'une église tendue de deuil.

Pierrette seule, isolée dans sa folie et inattentive à ce qui se passait autour d'elle, cueillait sur le bord du gouffre des marguerites, des bluets et des myosotis.

Elle descendait peu à peu sur les talus rapides et elle poussait de petits cris de joie enfantine à chaque fleur nouvelle qu'elle apercevait derrière les touffes de buis et de genêts.

On en était arrivé au dernier verset du psaume.

Les échos de la forêt répétaient l'un après l'autre ces paroles d'espérance : *Et ipse redimet Israel ex omnibus iniquitatibus ejus. — Gloria !*

Soudain un cri terrible retentit.

Tous les regards se tournèrent vers Pierrette qui venait de pousser ce cri.

La jeune femme, debout et chancelante, à vingt pieds à peu près des bords du gouffre, et se cramponnant aux branches d'un noisetier sauvage, attachait ses yeux hagards vers les profondeurs de l'abîme.

Un hurlement épouvantable répondit à sa clameur d'angoisse.

Une forme sombre et monstrueuse venait de sortir des rochers et montait lentement vers elle.

C'était le Loup noir.

Les yeux de Pierrette se fermèrent.

Ses mains lâchèrent les branches de l'arbuste auquel elle se soutenait.

Elle tourna deux fois sur elle-même.

Puis, comme un caillou lancé sur le versant d'une montagne, elle roula jusqu'au fond du gouffre.

Le Loup noir s'acharna sur sa proie, tandis que tous les assistants fuyaient avec horreur, sans même essayer de porter à la victime un inutile secours.

Pierrette et Bernard étaient réunis dans le ciel !...

§

L'amour est sans contredit le plus égoïste de tous les sentiments.

L'effroyable catastrophe que nous venons de raconter n'empêcha ni Agénor ni Baptiste Médard de se rendre, dans l'après-midi de ce même jour, chez maître Chapelle, pour y entendre l'intendant prononcer sur le sort de leurs prétentions.

Ils y arrivèrent en même temps.

Maître Chapelle les reçut ensemble.

Agénor attachait sur Baptiste des regards de souverain mépris.

Le jeune Médard jetait sournoisement à son rival des coups d'œil pleins d'une haine basse et jalouse.

Tous deux furent étrangement surpris, dès le commencement de l'entretien, par les paroles de maître Chapelle.

Ce dernier débuta en ces termes :

— Ce matin, — dit l'intendant, — j'ai donné rendez-vous, à toi, Agénor-Michel Legoux, mon neveu, et hier au soir à vous, Baptiste Médard, mon jeune ami, qui tous deux m'avez demandé la main de ma fille.

— Ah ! — s'écrièrent à la fois Agénor et Baptiste.

Maître Chapelle poursuivit :

— Je ne vous cacherai point que j'avais fait mon choix, et que, dans mon for intérieur, je m'étais prononcé pour l'un de vous...

— Lequel ? — demanda vivement Agénor.

— Peu importe, — répondit l'intendant, — puisque mes idées ont changé...

— Changé ! — s'écria le garde française, — et pourquoi ?

— Patience donc, mon neveu ! tu le sauras dans un instant.

Agénor se tut ; mais il mordit vigoureusement sa moustache en serrant ses poings malgré lui.

L'intendant reprit :

— Je suis persuadé que, quel que soit le mari de Blanche, toi, Agénor, ou vous, Baptiste, celui qui obtiendra la main de ma fille la rendra parfaitement heureuse...

— J'en suis moins convaincu que vous, mon oncle, — murmura Agénor en faisant un geste de menace au jeune Médard, qui changea incontinent de visage.

— Donc, continua maître Chapelle sans prendre garde à cette demi-interruption, — ce n'est qu'entre vous deux que j'hésite, et cette hésitation ce n'est plus moi qui puis la faire cesser.

— Qui donc ? — demanda Agénor.

— Vous-mêmes...

— Comment cela ?...

— Blanche appartiendra à celui de vous qui l'aura le mieux méritée...

— Mais par quel moyen ?

— Un horrible fléau ravage cette contrée ; — le pays réclame un sauveur...

— Après, mon oncle, après !...

— J'attends de vous un acte d'héroïsme, devant lequel vous ne reculerez point si vous êtes vraiment épris...

— Pour l'amour du ciel, achevez !...

— Voici mon dernier mot, mais c'est le bon : — Je donnerai la main de Blanche à celui-là qui tuera le Loup noir !...

Baptiste devint plus blême encore que de coutume, et ses longues dents s'entre-choquèrent violemment.

Agénor, le visage radieux et le sourire aux lèvres, s'approcha de maître Chapelle et lui dit en lui serrant la main :

— Merci, oh ! merci, mon oncle, de ce que vous venez de dire, car, en parlant ainsi, vous me donnez Blanche !... — Dans huit jours, je vous le jure, je vous appellerai mon père, ou dans huit jours je serai mort !...

XX

L'AFFUT.

La première action d'Agénor, en quittant maître Chapelle, fut d'aller prier le digne et vieux curé du hameau de Cernay de l'entendre en confession.

Bien des années s'étaient écoulées depuis le jour où l'ancien garde française s'était approché pour la dernière fois du tribunal de la pénitence.

Aussi il en avait long à dire.

Mais une fois qu'il eut soulagé sa conscience, — une fois qu'il se trouva en paix avec le ciel et délivré du poids de ses fautes par l'absolution et le repentir, — il ne songea plus qu'aux moyens d'amener à bonne fin le hardi projet qu'il avait formé.

Pour cela faire, il ne recula devant aucun péril.

Il passa ses journées et ses nuits à errer dans les alentours de la *Combe au Diable*, — sans autre arme qu'un couteau de chasse aigu et affilé, — afin de tâcher d'y découvrir quelque indice des mœurs et des habitudes du Loup noir.

Pendant deux jours et deux nuits les patientes recherches d'Agénor restèrent sans résultat.

Mais enfin, le matin du troisième jour, en explorant un fourré distant d'une demi-lieue environ de la *Combe au Diable*, le jeune homme crut remarquer dans les broussailles des traces toutes récentes du passage d'une bête fauve de taille colossale.

Ainsi mis sur la voie, Agénor suivit ces traces en se couchant à plat ventre et en rampant parmi les racines et les ronces qui lui déchiraient les mains et le visage.

Il parcourut de cette façon un espace de trois cents pas et il arriva dans une très-petite clairière où il découvrit, entre deux rochers de moyenne grosseur, une fissure étroite et profonde qui semblait s'enfoncer obliquement dans les profondeurs de la terre.

Les vestiges qu'il avait suivis jusque-là s'arrêtaient en cet endroit pour ne plus reparaître.

Sans aucun doute, cette issue ignorée était le chemin mystérieux qui permettait au Loup noir de sortir inaperçu des cavernes de la *Combe au Diable*.

Agénor en savait assez.

Il retourna en toute hâte à Cernay.

Il se munit d'une carabine de grande dimension dont il connaissait de longue date le canon fortement trempé.

Il porta cette carabine à l'église et la fit bénir par le curé.

Ensuite il alla chez un forgeron et martela lui-même deux écus de six livres, de manière à leur donner la forme d'un lingot pointu par un bout (1).

Il chargea la carabine avec la poudre la plus fine qu'il lui fut possible de se procurer, et, au lieu de balle, il fit entrer de force dans le canon de son arme le lingot d'argent qu'il avait préparé.

Puis, aussitôt que la nuit fut prête à descendre du ciel, il regagna le bois et alla se mettre en embuscade à soixante ou quatre-vingts pas de la fissure dont nous avons parlé.

Disons tout de suite qu'Agénor, — sans cependant que son courage faillît un seul instant, — éprouvait de temps à autre un léger battement de cœur, et qu'un petit frisson nerveux

(1) On sait que, d'après les croyances superstitieuses des paysans de presque toute la France, les balles d'argent ont la propriété de conjurer les maléfices et les sortilèges et d'atteindre les sorciers, *loups-garous*, etc.., invulnérables pour de simples balles de plomb.

venait agiter ses membres quand un oiseau nocturne frôlait les branches au-dessus de sa tête, ou quand un lièvre effarouché agitait les broussailles à ses pieds.

Tout à coup, —un peu avant minuit, —Agénor, averti par une sorte de divination intérieure, — retint son haleine et écouta mieux.

Il entendit d'une façon parfaitement distincte deux ou trois aspirations successives.

C'était à coup sûr le mufle énorme du Loup noir qui interrogeait le vent pour se rendre compte de l'approche d'une proie ou de celle d'un péril.

A ce bruit succéda une sorte de grondement sourd, mais tellement puissant, quoique contenu, qu'on eût dit le fracas du tonnerre roulant entre des nuées lointaines.

Agénor recommanda son âme à Dieu.

Il donna à Blanche une dernière pensée.

Il épaula sa carabine, et il attendit de nouveau.

Ce fut en vain.

Tout rentra dans le silence, pour ne plus en sortir du reste de la nuit.

Sans doute le Loup noir, mis en garde par son instinct qui lui signalait un danger imminent, avait regagné par la même voie souterraine les profondeurs de son repaire.

Agénor, un peu découragé, retourna au village.

Certain désormais d'avoir à combattre un adversaire défiant, il résolut d'employer la ruse.

Le soir même il retourna dans le bois, portant dans ses bras un jeune agneau vivant, qu'il lia solidement au tronc d'un arbuste, à quelque distance de l'endroit où il s'était embusqué la nuit précédente.

Ceci fait, il revint chez lui.

Le lendemain matin, l'agneau avait été dévoré.

Une seconde victime eut le même sort la nuit suivante.

Agénor se dit qu'il était temps d'agir.

Il égorgea un bélier de haute taille, il se revêtit de sa peau toute saignante par-dessus ses habits, et il gagna la forêt en emportant un troisième agneau qu'il attacha à la même place où les deux précédents avaient trouvé la mort.

Puis le jeune homme alla se poster à quelques pas de là, adossé au tronc d'un vieux chêne, en ayant soin de se placer sous le vent, de telle façon que rien ne pût révéler sa présence au flair exercé du Loup noir.

La peau de bélier dont il s'était enveloppé avait d'ailleurs pour but de dépister complétement la bête fauve, si par hasard le vent tournait.

Il était en ce moment neuf heures du soir.

Les dernières lueurs du crépuscule venaient de s'éteindre à l'horizon.

Les étoiles s'allumaient l'une après l'autre dans un ciel sans nuages et d'un bleu sombre et profond.

Pas un souffle d'air n'agitait les feuillages déliés des bouleaux et des frênes.

On n'entendait d'autre bruit que le petit cri monotone du grillon caché sous l'herbe et la chanson amoureuse du rossignol perché sur une haute branche.

Agénor n'écoutait que la voix de son cœur qui lui disait tout bas :

— Courage ! courage ! ton arme est bénie, et Blanche prie pour toi !

XXI

DEUX COUPS DE CARABINE.

— Que faisait cependant le jeune Baptiste Médard?

Voilà sans doute ce que se demandent nos lecteurs.

Et peut-être même nous reprochent-ils de les laisser ainsi dans l'ignorance des faits et gestes de cet adolescent digne de tant d'intérêt?

Tandis que, depuis trois jours, Agénor épiait le Loup noir, Baptiste, lui, plus prudent et aussi bien avisé, épiait Agénor.

Il s'était de cette façon mis au courant, sans aucun péril, de ce qu'il lui importait de savoir, et il avait, lui aussi, formé son plan.

Dans un instant nous le verrons à l'œuvre.

§

Au moment où Agénor attendait au pied d'un chêne la venue de son terrible adversaire, Baptiste Médard guettait de son côté, accroupi dans les branches de ce même arbre.

Les deux rivaux étaient en présence.

Seulement Agénor ne soupçonnait point la présence de Baptiste, perché au-dessus de sa tête, comme un oiseau de mauvais augure.

. . . .

. . . .

Onze heures sonnèrent.

Le vent de la nuit s'était élevé et apporta jusqu'aux oreilles d'Agénor les vibrations de la cloche de l'église.

Le jeune homme tressaillit.

Un souvenir poignant lui venait à l'esprit, ou, pour mieux dire, au cœur.

Il se rappelait cette nuit fatale pendant laquelle il avait abandonné sa mère expirante sur son lit d'agonie, pour courir à la recherche d'un trésor imaginaire.

Alors, comme aujourd'hui, il avait entendu retentir le lointain écho du beffroi.

Aujourd'hui, comme alors, ces sons affaiblis par la distance présageaient peut-être un malheur.

Dieu protégerait-il le fils qui avait été sourd à l'appel de sa mère?

Dieu aurait-il pardonné?

Dieu ne punirait-il point?

Un doute terrible assaillit Agénor.

Il eut peur et se prit à trembler.

Mais sans doute son bon ange, envoyé du ciel par sa mère, eut pitié de lui et l'effleura du bout de son aile en passant.

La confiance et l'espoir lui revinrent à la fois.

Il était temps.

Un grondement sourd et rapproché retentit.

L'agneau, attaché à un arbuste, se mit à bêler d'une façon lamentable.

Les broussailles craquèrent sous les bonds impétueux d'une bête fauve.

Puis les bêlements de l'agneau s'éteignirent, et l'on n'entendit plus que le bruit formidable des mâchoires du loup qui broyaient tout à la fois la chair et les os de sa proie :

— Sainte Vierge! — murmura Agénor, — je fais vœu, si, grâce à vous, je suis vainqueur, de vous offrir cette carabine et la patte droite du Loup noir!

Et, tout en prononçant ces paroles, il appuya son arme à son épaule droite, et ajusta le monstre dont la forme hideuse se dessinait vaguement dans l'ombre.

Il appuya le doigt sur la gâchette et pressa la détente.

Un éclair sillonna les ténèbres.

A cette détonation succéda un hurlement de douleur et de rage.

Le Loup noir était blessé.

Il souleva sa tête énorme, aspira deux ou trois bouffées d'air, et, devinant la présence d'Agénor malgré la peau du bélier dont ce dernier s'était enveloppé, il s'élança de son côté en rugissant d'une façon sinistre.

Agénor laissa tomber sa carabine, ajusta dans sa main droite la poignée de son couteau de chasse et marcha à la rencontre du monstre.

L'impétuosité du choc fut telle que l'ancien soldat roula sur le gazon et que le Loup noir le dépassa de plusieurs pas.

Mais la bête fauve revint aussitôt à la charge et assaillit Agénor avant que celui-ci eût eu le temps de se relever.

Un combat corps à corps s'engagea entre l'homme et le loup.

Tous deux se roulaient ensemble dans les ténèbres.

Agénor s'efforçait de percer son adversaire avec son couteau de chasse.

Mais la pointe de l'acier glissait sur le poil épais et rude du Loup noir.

A chaque instant, au contraire, les crocs de la bête fauve s'enfonçaient dans les chairs meurtries d'Agénor.

Cette effroyable lutte dura deux ou trois minutes.

Notre héros allait succomber.

Il sentait déjà ses membres fatigués se raidir.

Ses yeux se voilaient.

Ses oreilles se remplissaient de bourdonnements.

Déjà le mufle du Loup noir s'approchait de son visage, le brûlait de sa fétide haleine et le couvrait d'écume et de sang.

Le fiancé de Blanche comprit qu'il était perdu et tenta un suprême effort.

Cet effort le sauva.

La pointe de son couteau pénétra dans la gueule béante du loup, entra profondément dans son gosier et le renversa sur le sol, où il se débattit, râlant.

Agénor s'efforça de se relever.

Mais, en ce moment, un second éclair raya de nouveau l'obscurité.

On entendit un nouveau coup de feu.

Agénor retomba sans connaissance, l'épaule traversée par une balle.

§

Aux premiers rayons de l'aube tous les habitants de Cernay étaient en émoi.

On avait entendu le bruit des lointaines détonations, et, comme Agénor n'avait point reparu au village, l'inquiétude était au comble et l'on n'attendait que le jour pour aller à la recherche de l'audacieux aventurier.

Hâtons-nous de dire que maître Chapelle, quoique fort peu vaillant de son naturel, comme nous savons, était à la tête de la petite expédition qui se dirigea du côté des bois.

Après avoir exploré pendant près d'une heure les alentours de la *Combe au Diable*, on arriva enfin au lieu qui avait servi de théâtre aux scènes que nous avons mises sous les yeux de nos lecteurs.

Un étrange et terrible spectacle s'offrit alors à la vue.

Agénor, baigné dans son sang, gisait évanoui à côté du cadavre du Loup noir.

Et, à vingt pas de là, Baptiste Médard, les reins brisés par une effroyable chute, était étendu, près de rendre le dernier soupir.

La détestable action du rival d'Agénor avait porté des fruits amers.

Au moment où il venait d'assouvir sa jalouse haine en frappant traîtreusement son ennemi vainqueur et en essayant de lui enlever ainsi le prix de sa victoire, une branche avait cédé sous son poids, et il était tombé de vingt pieds de haut.

Il avoua sa faute, — il en demanda pardon à Dieu et il expira.

On transporta au village, côte à côte et sur le même brancard, Agénor, toujours sans connaissance, et la dépouille du Loup noir.

Des prières publiques furent aussitôt commencées pour demander au ciel de rendre à la vie celui qui venait de rendre au pays le calme et le repos.

Ces prières ne restèrent point sans résultat.

Agénor revint à lui-même.

Au bout de trois jours il était hors de danger.

Au bout d'un mois il était sur pied.

Le mois suivant il offrait à la Vierge, en accomplissement de son vœu solennel, la patte du Loup noir et la carabine qui avait exterminé le monstre.

Et, le lendemain, dans la chapelle de l'*ex-voto*, il épousait sa cousine Blanche.

Pouvons-nous mieux finir ce simple récit que par la phrase consacrée :

« *Les jeunes époux furent parfaitement heureux et ils eurent très-peu d'enfants!* »

XXII

LE PAS DE LA VIERGE.

Paris, le 26 octobre 1850.

A Monsieur Victor Didier,

Mon cher ami, je viens de corriger les dernières épreuves de l'*Irrésistible*, et je souhaite vivement avoir mis dans mon récit l'extrême intérêt des notes que vous avez bien voulu me communiquer.

Je ne vous demanderai pas votre avis à ce sujet. La trop grande bienveillance que je vous connais à mon égard risquerait fort de vous aveugler. Le public décidera.

En attendant que ce juge sans appel ait dit son dernier mot, je prends la plume pour vous écrire et je vous prie de ne m'en savoir aucun gré, car, ce que je fais si souvent par sympathie, je ne le fais aujourd'hui que par nécessité.

— Qu'est-ce que cela veut dire? — vous demandez-vous.

Je m'explique.

On se figure généralement, et peut-être vous l'imaginez-vous comme les autres, que c'est le plus charmant métier du monde que le métier de romancier.

On travaille à ses heures, — pense-t-on, — on se repose les jours de paresse, — on se voit imprimé *tout vif,* — on est quasi-célèbre et l'on n'a d'autre peine, pour gagner beaucoup d'argent, que de faire courir sa plume sur du papier blanc et d'y tracer toutes les billevesées qui traversent l'imagination.

Ceux qui pensent et parlent ainsi ne tiennent aucun compte du revers de la médaille.

Ils ne connaissent ni les heures de découragement ni les nuits de travail forcé.

Ils ignorent les critiques haineuses, — les diatribes jalouses, — les coups d'épingle assaisonnés de bave de ces folliculaires impuissants, envieux, vaniteux, qui maigrissent des succès d'autrui et cherchent à s'accrocher au talon de toute réputation naissante pour l'empêcher de grandir.

Ils ignorent les persécutions d'un éditeur qui ne vous laisse ni paix ni trêve et veut à toute force la suite d'un roman commencé.

Ils ignorent surtout cette tribulation suprême de l'écrivain aux abois qui manque de *copie*.

Manquer de *copie*, mon cher ami, signifie, dans l'argot littéraire, se trouver au dépourvu pour finir un volume, quand la matière du roman est épuisée, et quand il reste encore cependant un certain nombre de feuilles à fournir.

On a, je le sais bien, la ressource de terminer le volume par une *nouvelle*, mais cet expédient ne plaît guère au public, et l'on a recours, pour le dissimuler, à toutes sortes de petites roueries plus ou moins innocentes.

C'est, hélas! la position difficile dans laquelle je me trouve en ce moment, et c'est pour cela que je vous écris aujourd'hui.

Il me manque quelques feuilles, et ces feuilles je vais en trouver une partie en vous adressant une courte chronique franc-comtoise qui m'a été racontée l'été dernier dans les montagnes du Jura.

Lisez-la, sans trop d'ennui, si faire se peut, et laissez-moi vous l'offrir comme un gage d'affection et de reconnaissance.

Sur ce, je commence

§

Notre-Dame d'Einsidlein!

C'est un doux nom, auquel se rattachent de nombreux souvenirs d'espérance et de foi... de touchants récits de protection divine et de croyance récompensée.

Einsidlein! Einsidlein!

Combien de douleurs morales, combien de souffrances physiques sont venues pieusement s'agenouiller sur les marches de son humble autel et se sont éloignées, ou tout à fait guéries, ou du moins consolées et soutenues par une force d'en haut!

Les fières métropoles, les cathédrales historiques ont leurs pompes et leurs splendeurs, — leurs merveilleux tableaux, chefs-d'œuvre des plus grands artistes du monde entier, — leurs portiques de marbre blanc, — leurs statues d'argent et d'or, — leurs chapes, — leurs bannières, — les longs anneaux de leurs processions, semblables aux cortéges des rois du moyen âge, — leurs *vitrails* éblouissants dont les rayons du soleil empruntent les couleurs pour tracer de scintillantes arabesques sur les ogives de la voûte ou sur le marbre des dalles.

La petite, l'humble chapelle d'Einsidlein, peut, orgueilleuse aussi, montrer ses nombreux *ex-voto*, gardant d'âge en âge la mémoire des miracles accomplis.

Il en est un, parmi ceux-ci, qui conservera jusqu'aux siècles à venir le souvenir de la pieuse légende que nous allons raconter.

Nous aimons à nous reporter par la pensée à ces temps nobles et naïfs, à ces époques heureuses où les fermes croyances enfantaient les grands héroïsmes.

Nous aimons à quitter, ne fût-ce que pour une heure, la fange de notre siècle sceptique qui ne croit à rien, qui méprise tout et qui se méprise lui-même.

Le ciel faisait souvent des miracles pour nos aïeux.

Il n'en fait plus pour nous, et il a raison;

Car nous n'en valons pas la peine.

Revenons à l'*ex-voto* de la chapelle d'Einsidlein.

C'est une peinture des plus grossières.

Cependant la main de l'artiste,—quelle qu'ait été son inex-
périence,—a su faire comprendre avec une naïveté pieuse le
sujet qu'elle voulait retracer.

Voici l'ordonnance du tableau :

Sur un fond de montagnes se détache une ville entourée de
murailles hautes et crénelées.

Un glacis rouge, généralement étendu sur toute la toile,
annonce un violent incendie.

Au milieu des nuages, — au-dessus de la ville, —apparaît
la Vierge Marie, debout et semblant commander.

Son bras est étendu.

Sous le geste de sa main puissante les flammes s'abaissent
et rampent asservies.

Sur le premier plan une population tout entière est agenouillée.

Hommes, femmes, enfants, vieillards, les mains levées vers
le ciel, remercient la mère de Dieu du miracle qu'ils ont
obtenu.

Le cadre est en bois, jadis doré.

Les ciselures, représentant une guirlande de feuilles de
vigne entrelacées à des roses sauvages et à des petites têtes
d'anges, sont fouillées avec une délicatesse extrême, un sentiment parfait et un fini délicieux.

La partie supérieure est couronnée par un écusson ar-
morié.

Cet écusson porte :

En champ de gueules une tour crénelée d'argent, à deux
fenêtres et une porte maçonnée de sable, la tour posée à
dextre de l'écu, à la porte de laquelle aboutit un pont de
trois arches.

Au bas du tableau sont inscrits les vers latins qui suivent :

Ingemuit geminis ardens Pontarlia flammis,
Imbribus has subito Virgo rogata sopit.
Urbs tibi salva dicat geminata salutis,
Protege devotas Virgo benigna domos.
Ex voto
Urbis Pontarliæ in libero Burgundiæ comita.u.

— 1675 —

C'est une curieuse et pittoresque cité que la petite ville de
Pontarlier, jetée comme la dernière conquête de l'homme au
pied de ces sombres montagnes du Jura où la nature règne
seule, sauvage et toute-puissante.

Dominée par le vieux fort du *Molard* et par les gigantesques sapins dont la sombre verdure va s'étageant jusqu'à la
cime des monts *Pareuses*, Pontarlier mire dans les belles
eaux du Doubs ses remparts autrefois fameux, aujourd'hui
démantelés, et le sommet bruni de la vieille tour de son
beffroi muet.

Rien n'est calme, rien n'est tranquille comme l'aspect de
cette ville qu'on croirait endormie et qui semble se reposer
dans un sommeil sans fin, de ses luttes passées, des siéges
qu'elle eut à subir et surtout de son héroïque résistance contre
les Suédois de Weimar en 1640.

Remontons de deux siècles en arrière, je vous prie.

Transportons-nous dans la vieille cité franc-comtoise qu'on
appelait alors de ce nom si doux et si bien mérité : *La perle*
des montagnes.

C'était vers la fin de l'automne de l'an de grâce de 1675.

Un soir, au moment où on allait lever le pont-levis, fermer
les portes et baisser les herses, — un homme à cheval arriva
dans la ville, poussant devant lui deux mulets chargés de
bagages.

Cet homme était de très-petite taille, et l'âge, en le cour-
bant, avait encore amoindri ses chétives proportions.

Il portait par-dessus ses vêtements une sorte de caban à
capuchon dont la couleur avait été jadis blanche.

Les ardeurs d'un soleil plus chaud que celui de nos climats
avaient bronzé son teint.

Ses cheveux et sa barbe, crépus et grisonnants, mais dont
la couleur jadis rousse se devinait encore, — le regard incertain et fuyant de ses grands yeux verdâtres, — le type particulier de ses traits fortement prononcés, tout en lui déclait
l'origine orientale et la race judaïque.

Il s'appelait Manassès et voyageait pour son commerce.

A peine installé dans l'hôtellerie où il était descendu, il ouvrit ses ballots et étala ses marchandises.

Ce fut alors, dans toute la ville et pendant plusieurs jours,
une véritable émeute de curiosité et d'admiration.

C'est qu'aux femmes, Manassès avait à montrer des étoffes
inconnues et merveilleusement ouvrées...

Des tissus étrangers : les uns lamés d'or et si épais que la
robe qu'on y taillait pouvait se tenir debout toute seule ; les
autres si souples et si fins qu'on en eût fait passer une pièce
tout entière par le trou d'une aiguille un peu fine.

Aux jeunes filles il offrait des bijoux d'une splendeur qui
tenait du prodige...

Des bracelets, — des colliers, — des châtelaines, comme
sans doute madame la reine n'en possédait point dans ses
écrins...

Des sachets d'un parfum enivrant...

Des fleurs éblouissantes, toutes constellées de pierres pré-
cieuses.

Pour les hommes il avait mieux encore.

C'étaient des armes d'un travail exquis...

Des yatagans qui tranchaient le fer sans s'émousser...

Des poignards triangulaires dont la blessure était mortelle
et qui laissaient s'écouler le sang par les fines rigoles de leurs
lames.

C'étaient enfin une foule de choses dont ni le nom ni
l'usage n'étaient arrivés jusqu'alors dans les vieux murs de
Pontarlier, et qui du reste ne servaient guère qu'à faire naître
d'inutiles désirs, car le prix énorme de ces objets divers eût
formé la rançon d'un roi, et toutes les dames de la ville auraient vidé leurs escarcelles sans arriver à réunir l'équivalent
de tel des bijoux que Manassès leur montrait.

Le juif possédait cependant d'autres marchandises d'un
ordre inférieur et de valeur moindre.

Ce n'eût point été la peine, sans cela, de venir de si loin,
par les difficiles chemins des montagnes.

Donc Manassès recevait beaucoup de monde.

Chaque jour une foule considérable était attirée chez lui
par le désir de contempler les merveilles qu'il montrait volontiers.

Et puis il faisait des récits tellement étranges des pays
lointains dans lesquels il était né et de ceux qu'il avait par-
courus !

Jamais, au grand jamais, l'imagination de ses auditeurs
n'avait rien rêvé de pareil à ce qu'il racontait.

A ces hommes accoutumés aux froides beautés de leurs
montagnes, il parlait des splendeurs de la végétation, des clartés du ciel de l'Orient; et ses paroles étaient si vives, si puissantes, si colorées, que ces montagnards, dont les regards
n'avaient jamais rencontré que des murailles ternes et gri-
sâtres, se faisaient presque une idée des blancs minarets
dorés par le soleil.

Parfois aussi Manassès murmurait quelques mots, — quelques mots vagues de secrets inconnus; — mais alors il s'interrompait et se taisait presque aussitôt.

Ces paroles rares et voilées, — ces mystérieuses réticences
furent remarquées et commentées.

Le bruit se répandit dans la ville que la terre et le ciel
n'avaient rien de caché pour le juif.

— Il sait le passé! — disait-on.

— Il sait aussi l'avenir, et son regard profond lit les pages futures du livre des destins, aussi facilement que les pages déjà pleines et déjà tournées...

— Donc, — ajoutait la rumeur générale, — l'avenir qu'il connaît, il peut le révéler...

— Donc il peut guérir les maladies du corps dont il n'ignore ni les principes ni les remèdes...

— Donc il peut soulager les souffrances de l'âme dont les causes et les issues sont visibles pour lui !

On se disait cela, mais tout bas, car chacun avait le désir d'expérimenter pour soi-même la mystérieuse science de Manassès, et, comme cette science touchait sans doute de très-près à la sorcellerie, on redoutait de passer pour complice de quelque sortilège, en laissant voir qu'on avait profité de l'art cabalistique du juif, ou tout au moins que l'on était disposé à la faire.

Les conséquences auraient pu devenir effroyablement graves.

Il ne s'agissait de rien moins, ma foi, que de la hart et du fagot.

Sollicité par plusieurs de révéler à leur profit les secrets du passé ou les mystères de l'avenir, Manassès résista d'abord.

Mais, comme il n'est pas dans la nature d'un juif de tenir longtemps rigueur à un bénéfice net et certain, il finit par se décider, et, moyennant salaire, il racontait aux uns ce qui leur était arrivé, aux autres ce qui leur arriverait.

A ceux-ci il vendit des *charmes* et des *philtres*.

A ceux-là il distribua des talismans et des remèdes magiques.

Les sorcelleries du nécromant devenaient, comme on le voit, patentes et avérées.

En ce temps-là vivait à Pontarlier une femme du peuple, une veuve, renommée pour ses bonnes mœurs et son exemplaire piété.

La chronique n'a pas gardé son nom.

Cette femme, mère d'un fils tout jeune encore, en qui elle avait mis son bonheur et son espérance, n'entendait parler du juif qu'avec une crainte instinctive, et regardait comme un péché des moins véniels de l'aller consulter.

Hélas! la force de l'âme humaine ne vient bien souvent que de la faiblesse des attaques et des tentations.

Qu'il arrive quelque assaut terrible et inattendu, et l'on voit la vertu faillir !

Le fils de la veuve fut atteint soudainement par une maladie étrange et effrayante.

Les médecins, les physiciens et les herboristes de la ville ne purent rien comprendre aux symptômes inconnus qu'ils observaient.

Mais en revanche, ils s'entendirent à merveille pour désespérer de la vie du malade, et prédire qu'aucun remède humain ne pouvait le sauver.

On voit qu'ils ne se compromettaient point.

Vainement la pauvre mère fit-elle brûler un cierge d'une livre sur chacun des autels de toutes les églises de la cité.

Vainement, à la nuit tombante, mit-elle une image en cire de l'enfant Jésus et trois petites bougies allumées dans un sabot neuf, qui fut abandonné par elle au fil de la rivière, tandis qu'elle marchait sur les bords, promettant dans son âme de faire élever une belle croix de pierre là où le sabot s'arrêterait.

Le mal allait croissant.

Les angoisses maternelles triomphèrent alors des scrupules religieux dans ce cœur brisé.

La malheureuse femme, se rattachant à un dernier espoir, attendit que les ténèbres fussent épaisses et le couvre-feu sonné.

Puis elle se glissa, tremblante, jusqu'à la demeure du juif.

Il était seul et il déchiffrait un parchemin à la lueur tremblottante d'une petite bougie de cire jaune.

— Vous voilà! — fit-il au moment où la veuve entra dans son logis, — c'est bien, — je vous attendais...

— Vous m'attendiez! — s'écria la visiteuse avec stupeur.

— Oui, sans doute, car je savais que vous viendriez aujourd'hui...

— Mais comment?...

— Peu importe, puisque je le sais...

Notons, en passant, que Manassès voyait cette femme pour la première fois.

— Dites-moi ce qui vous amène, — reprit le juif.

— Ne le savez-vous point aussi?

— Sans doute, et je vais vous le prouver. — Vous venez apprendre de moi si je puis sauver votre enfant... N'est-ce pas cela, bonne femme?

— Oui, — s'écria la veuve en pleurant.

Puis, après avoir à grand'peine contenu ses sanglots, elle ajouta d'une voix suppliante :

— Eh bien! seigneur, le sauverez-vous?...

— C'est de vous que cela dépend.

— De moi?...

— Oui. — De vous seule..

— Que faut-il faire?...

— Il faut d'abord jurer de m'obéir en tout.

— Je le jure.

Manassès secoua la tête.

— Pas ainsi! pas ainsi! — dit-il.

— Comment donc?

Manassès alla à un bahut de vieux chêne sculpté qui se trouvait au fond de la chambre. — Il ouvrit ce bahut.

Il y prit un christ d'ivoire, cloué sur une croix d'ébène.

Ensuite il revint à la veuve.

— C'est sur votre Dieu qu'il faut jurer! — répondit-il en montrant le crucifix.

La pauvre femme était tremblante.

Le terrible serment l'effrayait.

Cependant elle étendit la main et elle murmura :

— Sur mon Dieu, je jure...

— De m'obéir en tout? — fit le juif.

— Oui.

— Quoi que je vous ordonne?

— Oui.

— C'est bien.

Manassès retourna pour la seconde fois au bahut.

Il en revint avec une coupe de forme bizarre.

Il la tendit à la veuve et continua :

— Prenez ce vase. — Allez chercher chez vous, ou dans une de vos églises, et apportez ici un peu de cette eau qu'ont bénie les prêtres de votre religion...

— De l'eau sainte!... — s'écria la veuve avec épouvante.

— Il le faut!

La pauvre femme courba la tête et répondit :

— J'y vais.

Puis elle fit un pas pour sortir.

Manassès l'arrêta.

— Ce n'est pas tout! — dit-il.

— Quoi donc encore?...

— Prenez ce linge...

Et, tout en parlant, il lui donnait un morceau de toile blanche.

Il poursuivit :

— Prenez ce linge, et sur cette étoffe rapportez-moi du sang de votre fils...

— Du sang de mon fils!... — s'écria la mère avec un cri d'effroi.

— Une goutte seulement.

— Une goutte?...

— Oui; — une piqûre légère suffira; mais sans cela, je ne puis rien.

La malheureuse femme s'éloigna.

Elle revint bientôt, apportant l'eau consacrée et le morceau d'étoffe taché d'une goutte de sang vermeil.

Manassès, pendant qu'il était resté seul, avait allumé un feu de charbons dans un réchaud d'airain que supportait un trépied de fer.

— C'est bien ! — fit-il.

Et il jeta dans le brasier le linge taché de sang.

Une fumée épaisse s'éleva aussitôt.

Cette fumée épaisse sembla, en montant vers le plafond, prendre des formes humaines et monstrueuses.

On eût dit un géant difforme, dont les pieds reposaient sur la flamme et dont la tête touchait aux cieux.

Le juif murmurait des paroles inintelligibles.

D'instant en instant, il laissait tomber sur les charbons une goutte de l'eau sainte qui pétillait étrangement.

Il prit alors le crucifix sur lequel la veuve avait juré d'obéir.

Il le jeta à terre à côté d'elle, et il lui dit :

— Mettez le pied sur ce signe.

— Moi ?... — murmura-t-elle avec horreur.

— Il le faut.

— Jamais !...

— Malheureuse ! — s'écria Manassès d'une voix éclatante, — malheureuse ! vous tuez votre enfant !

— Eh bien ! soit ! — j'aime mieux le voir mort que d'acheter sa vie à l'enfer !

— Qu'il en soit fait ainsi que vous le voulez !.. — Allez, femme sans courage, allez !

La veuve s'enfuit, — à demi folle de douleur et d'épouvante.

Quand elle rentra chez elle, l'agonie de son fils venait de commencer.

La figure de l'enfant était déjà décomposée et se marbrait de teintes livides.

Des convulsions tordaient ses membres délicats, dont on entendait les articulations craquer, comme craquent et se tordent dans le feu les sarments de la vigne.

En face de ce déchirant spectacle, la malheureuse mère s'écria, en proie à un délire furieux :

— Mon âme pour sa vie ! mais qu'il vive ! qu'il vive !...

Et elle retourna chez Manassès.

— Vous voilà, — dit-il comme la première fois, — je savais bien que vous reviendriez...

Et il garda le silence pendant un instant.

— J'accepte... — murmura-t-elle d'une voix brisée ; — j'obéis...

— Il est trop tard ! — répondit le juif ; — il est trop tard ! votre fils est mort !

L'infortunée bondit jusqu'à son logis et tomba sans connaissance près du lit où gisait un cadavre.

§

Le lendemain, il y avait parmi le peuple de sourds murmures qui croissaient et grandissaient de minute en minute.

On accusait Manassès d'avoir, par ses sortiléges impies, causé la mort du fils de la veuve, et l'on ne parlait de rien moins que d'aller mettre le feu à la maison qu'il habitait.

Ces rumeurs arrivèrent aux oreilles des autorités séculières et ecclésiastiques.

On arrêta préventivement Manassès.

On mit ses marchandises sous le séquestre, et on le conduisit lui-même en prison.

Au moment où les archers l'entraînaient, il murmurait d'un ton sinistre :

— Malheur ! vengeance !...

Le juif fut enfermé dans un cachot souterrain qui n'avait ni fenêtre ni soupirail.

La porte fut verrouillée en dehors, scellée de cire rouge aux armes de la ville, et deux hommes d'armes furent commis à la garde des scellés.

Quand on revint, au bout de quelques heures, pour interroger le prisonnier, la cire rouge était intacte, mais le juif avait disparu.

La parfaite conservation des empreintes ne permettait point de supposer qu'il eût été délivré par un de ses gardiens.

Qu'était-il donc devenu ?...

La chronique ne le dit pas, et nous l'ignorons comme la chronique ; seulement, le soir de ce même jour, si les rues n'eussent point été aussi complétement désertes, on aurait pu voir un petit vieillard qui se glissait dans l'ombre à travers la ville, et dont le caban grisâtre laissait jaillir par instant des lueurs phosphorescentes.

§

Chacun, dans Pontarlier, s'était couché tranquille.

La nuit était belle, et nul bruit ne troublait son silence.

Soudain du haut de la vigie descendit ce cri funèbre :

— Au feu !...

Presqu'en même temps le tocsin fit retentir de sa voix lugubre et vibrante tous les clochers de la cité.

La foule, tirée de son sommeil par l'épouvantable clameur, sortit des maisons et se répandit comme un torrent dans les rues.

La consternation, la terreur, le désespoir se peignaient sur tous les visages.

Le quartier *Morieux* et le quartier *Haut*, les deux extrémités de la ville, étaient la proie des flammes, et le *vent du château* (1), soufflant avec violence, rendait vain tout espoir de secours.

En ce moment un homme, doublement respectable par son grand âge et par ses hautes vertus, s'écria du milieu de la foule consternée :

— Le salut ne peut venir que du ciel !...

— Oui ! — oui ! — répondit le peuple.

— Invoquons donc, au nom de la Vierge, la clémence de Dieu ! consacrons la ville à Notre-Dame-des-Ermites et faisons vœu d'envoyer en pèlerinage deux de nos prêtres et deux de nos barons à la chapelle d'Einsidlein !

Ce conseil sauveur agit sur la foule en un instant.

Une procession fut commencée.

Les corporations, les métiers, marchaient en tête, portant leurs bannières.

Les maisons séculières, les cloîtres suivaient, psalmodiant les chants sacrés.

C'étaient les *Augustins* d'abord, s'appuyant sur leurs hauts bâtons ;

Puis, enveloppés dans leurs noirs capuchons, les *Frères de la croix*, tenant tous un cierge à la main.

Les *Capucins déchaussés* venaient ensuite, la tête rasée, la barbe longue et le capuchon rabattu sur le dos.

Le gouverneur, les chevaliers, les barons bourgeois, les échevins, les notables suivaient ;

Les *Annonciades* venaient après, revêtues de leur costume mi-parti blanc et mi-parti bleu ;

Puis les *Ursulines*, aux robes noires ;

Puis les *Bernardines*, aux longs vêtements blancs ;

Puis, enfin, la foule et les archers.

En tête de la procession, les prêtres et les diacres portaient sur un autel la statue de la Vierge.

Le plus âgé des prêtres de la ville, le curé de Sainte-Bénigne, revêtu de la chape dorée, les attendait sous le porche de son église.

(1) On appelait et l'on appelle encore *vent du château*, le vent du levant, qui vient par la gorge du château de Jonx.

Il prit l'image sainte dans ses mains affaiblies, et l'élevant au-dessus de la foule qu'il dominait, il entonna le *Salve, Regina!*

Et, devant lui, la foule tomba à deux genoux tout entière, et, sous les lueurs grandissantes de l'incendie, répéta comme d'une seule voix : *Salve, Regina!*

Une clarté, plus étincelante que la clarté des flammes, rayonna soudain sur les montagnes dont la ville s'entoura.

Imposante, lumineuse, divine, la Mère du Christ apparaissait dans son auréole étincelante.

Sa main s'étendait pour bénir.

Un instant interrompu, le chant reprit plus solennel.

Qnand le cantique fut fini, quand eut disparu la vision, le vent avait tourné, une pluie abondante tombait du ciel redevenu sombre et maîtrisait rapidement l'incendie.

Le miracle était accompli et le peuple criait NOEL!

§

Au sommet des montagnes LES PAREUSES, où la Vierge s'est montrée, — dans un étroit sentier, bordé de hauts et sombres sapins, — on voit aujourd'hui dans le roc la délicate empreinte d'un pied de femme de la plus merveilleuse beauté.

C'est là, — ajoute la chronique, — qu'en remontant aux cieux, Notre-Dame appuya son pied.

Dans le pays, on appelle cette empreinte, LE PAS DE LA VIERGE.

XAVIER DE MONTÉPIN.

FIN DE L'IRRÉSISTIBLE.

BAMBINELLI

I

Ceci se passait à Venise, en 1547.

Le soleil couchant se noyait dans l'Adriatique, avec des splendides et magiques reflets de pourpre et d'or.

Les palais de marbre reflétaient leurs bases et leurs gigantesques degrés dans la mer transparente et calme comme une glace.

La chaleur était étouffante, les bateliers et les condottieri dormaient çà et là étendus sur les bords des canaux; par intervalles quelques chants lointains passaient avec une gondole et mouraient indistincts. Venise tout entière semblait assoupie sous l'atmosphère de plomb.

Au pied de la statue du Lion de Saint-Marc un homme était étendu sur les larges dalles.

Il paraissait dormir, mais si l'on avait observé de près et avec attention sa pose et son visage, on aurait vu bien vite que ce sommeil était simulé, car parfois des mouvements brusques et nerveux agitaient ses mains qui se serraient convulsivement, et son front se plissait comme sous le poids d'une pensée funeste.

Cet homme était vêtu du costume ordinaire des pêcheurs; ses jambes étaient nues, un ample vêtement d'étoffe brune tombait jusqu'au milieu de ses cuisses, et ses longs cheveux étaient retenus par un filet de soie.

Au bout de quelque temps ce personnage ouvrit les yeux, releva la tête et jeta un regard autour de lui; puis, quittant sa première position, il s'adossa au piédestal de la statue, et se mit à chanter à voix basse en laissant toujours errer ses yeux avec une étrange expression d'égarement.

Les formes de cet homme étaient admirablement proportionnées, et sa tête réalisait le type le plus parfait de la beauté antique.

Ses cheveux noirs, naturellement bouclés, entouraient l'ovale gracieusement allongé de sa figure.

Un peintre eût admiré avec enthousiasme la couleur de son teint, de cette pâleur mate et cuivrée qu'on ne trouve qu'en Italie et qui fait admirablement ressortir le ton d'un blanc nacré du globe de l'œil et l'émail légèrement bleuâtre des dents.

Cet homme pouvait avoir de vingt-quatre à vingt-cinq ans.

§

Venise pourtant sortait peu à peu de la sieste du milieu du jour.

Des groupes nombreux se formaient sur la place Saint-Marc.

Les gondoliers reprenaient leurs rames et leurs chants.

Çà et là quelques femmes passaient déjà, cachant leur taille sous des mantilles de dentelles, et leurs traits sous des masques noirs.

Des hommes du peuple, pêcheurs pour la plupart, se dirigeaient du côté de la statue du Lion, au piédestal de laquelle était adossé le jeune homme dont nous avons parlé; tous lui disaient en l'approchant :

— Frère Bambinelli, salut.

— Salut, frère, — répondait-il.

Quand un cercle nombreux se fut formé, un homme âgé prit la parole et dit :

— Frère Bambinelli, chante-nous quelque chose.

Le jeune homme parut ne pas entendre.

— Chante-nous quelque chose, répéta le vieillard.

Bambinelli passa la main sur son front, cacha ses yeux un instant et sembla se recueillir; puis il se mit à murmurer des notes; peu à peu ce murmure, vague d'abord, devint un chant harmonieux et doux, mais sans paroles.

Soudain son regard s'anima, parut brillant et comme inspiré; puis, dans la douce langue italienne, il improvisa des vers qu'on peut traduire ainsi :

> Le ciel est pur,
> La mer d'azur
> A Venise la belle
> Est fidèle.
> Là-bas, dans les canaux,
> Le gondolier qui passe,
> Dit : Quel est sur les eaux
> Cet accord qui s'efface ?
> Ah ! c'est, par la distance et le vague affaibli,
> Le chant, le chant joyeux du fou Bambinelli.

Le peuple, dont la foule entourait le chanteur, reprit comme d'une seule voix :

> Ah ! c'est par la distance et le vague affaibli,
> Le chant, le chant joyeux du fou Bambinelli.

Le jeune homme continua sur un mode plus lent et plus sourd :

> Pouvoir d'enfer,
> Ta main de fer
> A Venise la belle
> Est cruelle.
> Là-bas, dans les canaux,
> Le gondolier qui passe,
> Dit : Quel est sur les eaux
> Cet accord qui s'efface?
> Ah ! c'est, par la distance et le vague affaibli,
> Le chant, le chant d'appel du fou Bambinelli.

La voix du peuple ne répéta pas cette fois le refrain. — Le chanteur continua :

> Que sans retard
> Notre poignard
> A Venise la belle
> Soit fidèle.
> Là-bas, dans les canaux,
> Le gondolier qui passe,

Dit : Quel est sur les eaux
Cet accord qui s'efface?
Ah! c'est, par la distance et le vague affaibli,
Le chant, le chant de mort du fou Bambinelli.

La foule répéta d'une voix sombre comme celle du chanteur :

Ah! c'est, par la distance et le vague affaibli,
Le chant, le chant de mort du fou Bambinelli.

Pendant toute cette scène, le jeune homme était resté adossé au piédestal, immobile comme la statue.

En ce moment il s'approcha du vieillard qui lui avait demandé de chanter :

— Est-ce convenu, Carlo? — lui dit-il.
— C'est convenu.
— Pour quand?
— Pour ce soir.
— Où?
— Chez Fosco.
— A quelle heure?
— A minuit.
— Y seront-ils tous?
— Tous, Bambinelli, per Bacco! tous.
— C'est bon.

Bambinelli s'éloigna, et les hommes du peuple se dispersèrent en murmurant toujours :

Ah! c'est, par la distance et le vague affaibli,
Le chant, le chant de mort du fou Bambinelli.

II

La nuit était venue; une nuit d'Italie, une nuit étoilée et brillante.

Les gondoles, portant leur fanal à la proue, passaient comme des ombres rapides, avec une étoile au front.

La brise était chargée de parfums, chaque souffle d'air apportait les accords joyeux des folles sérénades.

Oh! c'était la vraie Venise! Venise la belle! Venise la folle! Minuit allait sonner.

Bien par-delà le canal Orfano se trouvait une maison, ordinairement à cette heure tumultueuse et bruyante, mais qui, ce soir-là, était sinon solitaire du moins silencieuse et calme.

C'était la maison de Pietro Fosco, le tavernier favori des gondoliers de Venise.

On ne voyait nulle lumière, on n'entendait aucun bruit dans cette demeure.

Pourtant, d'instant en instant, des gondoles de pêcheurs glissaient muettes sur le canal et s'arrêtaient devant la taverne, dont la porte s'ouvrait pour laisser entrer le nouveau venu, et se refermait aussitôt.

Cent hommes à peu près étaient déjà rassemblés, tous graves et sérieux.

Sur chaque figure on lisait la préoccupation d'une grande chose près de s'accomplir.

On ne parlait qu'à voix basse.

Dans une très-petite pièce, à côté de cette salle immense, deux personnes seulement causaient, un homme et une jeune fille.

C'était une brune Italienne, charmante avec ses yeux noirs et ses longs cheveux noirs; charmante avec son corsage d'étoffe de couleur sombre et sa jupe rouge assez courte pour laisser admirer un pied d'une petitesse remarquable.

— Mais, — disait cette jeune fille d'une voix suppliante, — mais c'est à la mort que tu cours!

— A la mort, Marina, peut-être! mais peut-être aussi au triomphe et à la vengeance?

— Le triomphe est bien incertain, et si tu succombes, que deviendrai-je?

— Ce que tu deviendras, mon enfant? — Il te restera ton vieux père et ton jeune frère à aimer. — Moi, j'ai Andréa, ma sœur et ton amie, à venger. — Tu sais tout ce que j'ai fait depuis deux ans pour préparer cette vengeance. — Le voilà venu, ce moment tant désiré; dans quelques jours, dans quelques heures peut-être, je serai mort ou triomphant. — Tu vois bien que je ne puis pas reculer.

— Eh bien! puisqu'il le faut, va donc! — et Marina ajouta intérieurement :

— Mais je l'empêcherai, moi!

Le jeune homme entr'ouvrit la porte qui menait au lieu de la réunion; dans ce moment on murmurait :

— Où donc est Bambinelli?
— Le voici, — répondit-il en entrant.

Car c'était lui. — Et la fille de Fosco, Marina, était sa fiancée.

A l'aspect de Bambinelli, du pauvre improvisateur, du misérable fou, errant chaque jour, presque sans asile, sur les places publiques de Venise, toutes les têtes se découvrirent.

— Frères, êtes-vous tous là? — dit-il.
— Tous, — répondit Carlo.
— Alors, pêcheurs des lagunes, gondoliers de Venise, mes frères, écoutez-moi. Francesco Donato, le doge, est un tyran. — Il nous traite comme nous ne traiterions pas des chiens. — Son sceptre est une baguette de fer. — Nos personnes, nos biens, nos femmes et nos sœurs sont à la disposition de son fils et de ses favoris, méchants et débauchés. — Il n'est pas une de nos familles où la honte et la mort ne soit entrée depuis que Donato est doge. — Moi, j'avais une sœur, Andréa, vous l'avez tous connue. — Elle était belle et pure. — Le fils du doge la vit et l'enleva, il y a de cela deux ans. — J'allai me jeter aux pieds de Donato, et je demandai justice. — Une nouvelle insulte fut la seule réponse que j'obtins. — Ma sœur, ma pauvre sœur, mon Andréa chérie, ne voulut pas vivre déshonorée : elle se jeta dans la mer. — Je crus longtemps que je deviendrais insensé de rage et de douleur; et c'est alors que l'idée me vint de jouer le rôle de fou, pensant que cela pourrait être utile à l'accomplissement de ma vengeance; depuis lors, on m'a vu partout, la tête découverte et le regard égaré, improviser en chantant. — Vous-mêmes, vous avez longtemps cru à ma démence prétendue. — On ne connaît à Venise que Bambinelli le fou. — Qui se défie de moi? — Personne. — Les bravi parlent, quand je suis là, des coups de poignard qu'on vient de leur payer. — Si j'étais près de la gueule du Lion, on relirait haut devant moi la dénonciation que l'on y va jeter. — Je passe pour moins qu'un enfant, car dans une tête d'enfant doit plus tard naître la raison, et l'on croit que de ma tête la raison est déjà partie. — Et cependant l'œil des sbires du tribunal secret est moins ouvert que le mien. — J'ai surpris de nombreux mystères. — Les membres inconnus du conseil des Dix, je les connais, moi. — Je sais comment vivent, je sais où dorment nos ennemis. — Si vous voulez (et vous me l'avez promis), si vous voulez toujours me prêter vos bras et vos stylets, une nuit, celle de demain peut-être, le doge, son fils, ses tyrans enfin, seront pour toujours endormis, et Venise, libre et vengée, criera en s'éveillant : — Vivent les gondoliers! Vivent les pêcheurs des lagunes!...

Une acclamation d'enthousiasme allait répondre aux paroles de Bambinelli.

Soudain, un coup frappé à la porte de la maison glaça tous les cœurs et fit pâlir tous les visages, et une voix prononça au dehors ces mots :

— Prenez garde, vous êtes trahis!

On courut à la porte, on l'ouvrit.

Personne n'était là, et nulle gondole ne fuyait sur les canaux.

Il y avait bien une autre porte, mais cette porte, donnant dans la chambre de Marina, était fermée en dedans, et d'ailleurs la jeune fille interrogée répondit qu'elle n'avait rien vu ni rien entendu.

Tous les conjurés s'éloignèrent en tremblant, voyant déjà sur leurs têtes le couteau menaçant du tribunal des Dix.

Bambinelli, lui, avait l'âme pleine de douleur et de rage, car ces mots fatals : « Vous êtes trahis! » avaient tué la conspiration, et sa vengeance était perdue peut-être!

III

Le lendemain du jour où s'était passée à la taverne de Fosco la scène que nous avons racontée, Bambinelli, profondément découragé, rêvait, en paraissant dormir, sur le bord du canal San-Piétro, quand tout à coup il vit venir de loin, avec une rapidité extrême, une grande gondole noire conduite par des rameurs masqués.

Les rideaux qui voilaient l'intérieur de la cabine étaient fermés avec soin, mais l'une des petites jalousies latérales était entre-bâillée.

Bambinelli regardait avec distraction cette gondole. Quand elle passa près de lui, il en sortit un cri qui le fit tressaillir, car il lui sembla reconnaître son nom prononcé par une voix étouffée.

Il se crut le jouet d'une illusion, et pourtant il se leva et suivit de loin la gondole.

Les nombreux détours qu'elle prit lui donnèrent lieu de croire qu'on voulait faire perdre sa trace, si par hasard elle était suivie, et il continua sa poursuite avec une ardeur nouvelle.

Après plus d'une heure de courses sans but apparent, la gondole se dirigea du côté d'un vaste palais que Francesco Donato, le fils du doge, gardait pour ses orgies à l'extrémité de Venise.

Là, elle entra sous un passage voûté qui conduisait à l'intérieur, et Bambinelli la perdit de vue.

Il attendit longtemps pour voir si elle ressortirait : elle ne sortit pas.

— Je me suis trompé, se dit-il. Qui donc, allant chez le fils du doge, pourrait savoir et prononcer mon nom?

Tout à coup une pensée terrible lui traversa l'esprit.

— Oh! si cela était! murmura-t-il avec angoisse.

Et il courut chez Fosco.

— Où est Marina? s'écria-t-il en entrant.

— Avec son frère, dans une barque, sur les lagunes, lui répondit le vieillard.

Bambinelli se calma un peu; il sentait toujours cependant un poids sur son cœur.

— Je l'attendrai ici, pensa-t-il en sortant de la maison et en s'asseyant à terre dans cette pose accroupie familière aux lazzaroni. Il était là depuis quelque temps, quand de longues clameurs s'élevèrent au bout du canal. Ces cris partaient de plusieurs barques qui s'approchaient. Dans la première était étendu un jeune homme sans connaissance et paraissant sans vie.

Bambinelli reconnut en pâlissant Fabio, le frère de Marina. L'eau coulait de ses vêtements comme s'il était tombé à la mer.

— Où est Marina? qu'est-il arrivé, mon Dieu! s'écria Bambinelli.

Plusieurs personnes parlaient à la fois, et voici ce qu'on put comprendre dans leurs récits obscurs :

Des pêcheurs jetaient leurs filets au milieu des lagunes; ils avaient remarqué près d'eux une petite barque montée par un jeune homme et par une jeune fille.

Tout à coup une grande gondole noire s'approcha de la petite barque et la heurta avec violence; elle chavira. La jeune fille fut retirée de la mer et recueillie dans la gondole, qui s'éloigna, laissant se débattre contre la mort le jeune homme dont les forces commençaient à s'épuiser.

Les pêcheurs de loin avaient tout vu, ils eurent le temps d'arriver pour secourir Fabio. Un instant de plus, il était trop tard.

D'autres barques se mirent à la poursuite de la gondole noire; mais elle avait de l'avance et de vigoureux rameurs. Dès qu'elle fut entrée dans les canaux, sa trace fut perdue.

Quelqu'un des pêcheurs ayant reconnu le jeune homme pour le fils de Fosco, on l'avait ramené chez son père.

— Oh! c'était bien cela! se dit Bambinelli, c'était bien cela, mon Dieu! Marina comme Andréa! ma fiancée comme ma sœur! tout ce que j'avais, tout ce que j'aimais, perdu, souillé par cet homme! et je ne me vengerais pas!...

Aucune larme ne coulait des yeux de Bambinelli. Sa figure était pâle : sa tête se baissait; mais son regard fixe et brillant, ses lèvres contractées, le frémissement nerveux qui bouleversait ses traits, exprimaient la rage et la douleur bien mieux que ne l'eussent fait des cris et des sanglots.

Fosco sortit de la maison; il vit son fils évanoui, presque mort; il sut que sa fille venait d'être enlevée, et, plus faible que l'improvisateur, il se mit à pleurer.

Bambinelli s'approcha de lui et prit la main du vieillard dans ses mains qui tremblaient :

— Mon père, lui dit-il, car vous êtes mon père puisque vous m'avez donné votre fille, Marina n'était que ma fiancée, à présent elle est ma femme. Ce soir, elle sera revenue ici, libre, pure, ou vengée... ou bien, moi, je serai mort!

Et, sautant dans une petite barque, Bambinelli la dirigea du côté du palais de Francesco Donato.

IV

Le bras vigoureux du jeune homme fit voler la nacelle jusqu'à l'entrée du passage où la gondole noire avait disparu.

Là il s'arrêta en se demandant ce qu'il allait faire.

Comment pénétrer dans l'intérieur?

Que répondre à la foule des valets qui l'arrêteraient sans doute?

Où trouver Marina dans ce palais immense?

Et Bambinelli sentit sa tête se briser en songeant à l'impossibilité de l'entreprise qu'il tentait.

— Allons toujours, se dit-il enfin; allons toujours, ma cause est juste, Dieu m'inspirera.

Et, poussant sa barque sous le passage, il arriva à la vaste cour carrée qui se trouvait au centre des bâtiments, et dans laquelle, chose commune à Venise, le canal arrivait par un passage voûté.

Cette cour était alors déserte.

Le jeune homme attacha sa barque à l'un des anneaux de fer destinés à amarrer les gondoles, et monta les degrés.

D'innombrables fenêtres perçaient les quatre façades du palais.

Dans lequel des appartements qu'elles éclairaient Marina était-elle enfermée?

Cet appartement donnait-il même sur la cour?

En ce moment un laquais, à la livrée des Donato, aperçut Bambinelli et lui cria :

— Misérable mendiant, que viens-tu faire ici?

Deux ou trois autres valets, insolents comme le sont presque toujours les domestiques des grands seigneurs, se joignirent au premier et entourèrent Bambinelli avec des huées et des menaces :

— Pêcheur! vagabond! que viens-tu faire ici? que veux-tu? qui es-tu?

Ces questions et d'autres du même genre se croisaient à la fois autour de Bambinelli le fou?

—Vous n'êtes donc pas de Venise, mes bons seigneurs, répondit-il, puisque vous ne connaissez pas Bambinelli, Bambinelli le chanteur ; Bambinelli le fou ?

— C'est vrai, je le reconnais, dit un des valets.

— Alors, s'il est chanteur, qu'il chante.

— Oui, ou nous lui ferons prendre un bain dans le canal.

— Y pensez-vous ? répondit quelqu'un ; c'est un fou, et la folie est sacrée. Qu'il chante, cependant.

— Allons, chante, Bambinelli.

La même prière lui avait été adressée la veille, on s'en souvient, mais d'une manière bien différente.

Bambinelli chanta :

> J'aime le masque noir
> Que le soir,
> Dans la belle Venise,
> A sa guise
> On a droit de porter
> Pour chanter
> Quelque douce romance
> D'espérance
> Et d'amour !... grand courroux
> Des jaloux.

Ici Bambinelli s'arrêta et fixa les yeux d'un air égaré sur l'une des fenêtres du palais.

— Que vois-tu donc ? demandèrent les valets surpris de l'interruption subite et inattendue de la chanson.

Bambinelli ne répondait pas et regardait toujours.

— Que vois-tu donc ? répétèrent-ils.

— J'ai vu là, dit Bambinelli lentement, et il désigna du doigt une fenêtre ; j'ai vu là une femme, une femme du peuple, portant un corset noir avec une jupe rouge.

— Est-ce que la jeune fille serait échappée ? demanda avec inquiétude un valet à l'un de ses camarades.

— Impossible, dit celui-ci ; elle est là, et la serrure est bonne ; tu vois bien que, si la fenêtre est ouverte, les rideaux sont fermés. Ne sais-tu pas que cet homme est fou ?

Bambinelli suivit la direction du regard de celui qui venait de parler, et il vit en effet au second étage une fenêtre entr'ouverte. C'était la seule dont l'intérieur fût masqué par des rideaux. Il savait ce qu'il voulait savoir.

— Chante, Bambinelli, chante ! reprirent les valets.

L'improvisateur murmura quelques notes sourdes, puis chanta le dernier couplet de son chant de la veille :

> Là-bas, dans les canaux,
> Le gondolier qui passe,
> Dit : Quel est sur les eaux
> Cet accord qui s'efface ?
> Et c'est, par la distance et le vague affaibli,
> Le chant, le chant de mort du fou Bambinelli.

Il répéta deux fois ce refrain, et se mit à danser une danse folle et bizarre, avec tous les signes qui caractérisent le délire ; enfin il se coucha par terre, ferma les yeux et parut endormi.

— On peut le laisser là un instant, dit un valet ; on le chassera quand il s'éveillera. Monseigneur est sorti, et puis c'est un fou, et l'on doit respecter les fous.

Et les valets s'éloignèrent.

Au bout d'un instant Bambinelli tourna la tête ; la cour était déserte ; il se leva, prit son stylet, et avec son adresse d'Italien il le lança dans la chambre que l'on avait dit habitée par Marina.

— Au moins, pensa-t-il, elle pourra se défendre ; et il reprit sa première position, le regard toujours tourné vers la croisée entr'ouverte.

Le rideau s'écarta, une femme parut ; c'était Marina. Elle reconnut Bambinelli, et lui montra le poignard qu'elle serra sur son cœur.

Le jeune homme alla se coucher dans un enfoncement où il était difficile de remarquer sa présence.

V

L'appartement dans lequel on avait enfermé la fille de Fosco était décoré avec un luxe tout oriental.

De longues tentures de velours cramoisi à crépines d'or descendaient depuis le plafond aux magnifiques peintures jusqu'au parquet de bois de cèdre.

Des glaces d'une grandeur fabuleuse pour cette époque, des siéges d'un travail exquis, des tableaux des premiers maîtres complétaient ce somptueux ameublement.

Au milieu de toutes ces merveilles, qui cependant auraient dû lui causer autant d'admiration que d'étonnement, la pauvre Marina était assise et pleurait.

Dans le premier moment, quand la barque avait chaviré, elle avait perdu connaissance.

Plus tard, en reprenant ses sens, en se voyant dans une gondole, entourée de figures étrangères, elle avait cru dormir et faire un songe terrible.

Sa tête n'était plus à elle ; enfin, se voyant enfermée et seule dans ces lieux inconnus, elle avait compris toute l'horreur de sa position.

Des robes riches et somptueuses étaient posées sur un divan près d'elle ; elle garda ses vêtements trempés par l'eau de la mer, se jeta sur un siége et se mit à pleurer.

C'est dans ce moment que tomba dans la chambre le poignard de Bambinelli.

Le premier mouvement de Marina fut de remercier Dieu de lui avoir envoyé ce défenseur inattendu ; le second, de s'approcher de la fenêtre où nous l'avons vue reconnaissant son amant. Alors elle prit un peu d'espoir et de courage, et, plus confiante, elle attendit. L'attente ne fut pas longue ; la clef tourna dans la serrure, et un homme entra dans la chambre.

Cet homme était jeune et beau ; il portait le costume somptueux des patriciens de Venise. Sur le côté gauche de son pourpoint étaient brodées ses armes. Marina le reconnut pour l'avoir vu souvent dans ses fêtes. C'était le fils du doge.

Avant qu'il eût parlé, la jeune fille se jeta à ses pieds en s'écriant :

— Oh ! monseigneur, au nom de la Vierge, mère de Dieu ! au nom de tous les saints du ciel ! monseigneur, laissez-moi partir.

— Vous laisser partir, ma belle enfant ! répondit Francesco en la relevant ; vous laisser partir ? Non, per Bacco ! vous êtes certes trop jolie. Regardez-vous dans cette glace, et dites-moi si vous avez jamais vu plus charmant et plus gracieux visage ?

Marina fondit en larmes.

— Per Dio ! ma charmante, s'écria le fils du doge, per Dio ! que vous avez bonne grâce à pleurer ! quand vous souriez, que doit-ce donc être ?

Marina pleurait toujours.

— Allons, continua Francesco, séchez ces pleurs, enfant, et venez vous asseoir ici.

Et il lui montra de la main un divan.

Marina restait immobile.

— Allons, petite ; allons, venez vite, et soyez moins revêche ; voulez-vous de l'amour ? je vous aimerai, sur ma parole, d'une manière tout à fait royale. De l'or ? vous en aurez aussi. Je veux vous faire heureuse et riche comme une reine. Mais venez vite ; je suis fils du doge, et d'ordinaire on ne me fait pas attendre.

— On ne vous fait pas attendre, monseigneur, dites-vous ! répondit Marina en relevant la tête, et qui ne vous fait pas attendre? Ces femmes qu'éblouissent votre titre et votre richesse! Mais que m'importe à moi tout cela? Oh! j'aime mieux mon Bambinelli.

— Et qui est-il, ce Bambinelli, mon heureux rival? répliqua Francesco avec dédain.

— C'est un pauvre pêcheur des Lagunes, monseigneur, un pêcheur qui, sans moi, peut-être...

Marina n'acheva pas sa phrase; mais elle déplora amèrement d'avoir, comme elle l'avait fait, arrêté la veille la conspiration près d'éclater; car, on l'a deviné sans doute, c'était elle qui, voulant empêcher son amant de courir au danger, avait prononcé à la porte de la taverne ces mots : « Prenez garde, vous êtes trahis! »

Francesco s'était levé du divan sur lequel il était assis.

— Monseigneur, n'approchez pas! s'écria Marina, les yeux étincelants.

— Et pourquoi donc, vraiment? répondit le jeune homme en faisant un pas.

— N'approchez pas! n'approchez pas! répéta la jeune fille.

— Allons donc, petite sauvage! et il voulut saisir la main de Marina.

Mais déjà cette dernière avait tiré de son sein le poignard de Bambinelli; elle frappa deux fois Francesco, qui tomba.

Alors elle courut à la fenêtre, et chercha des yeux son amant; mais la nuit était venue, on ne pouvait distinguer les objets.

— Bambinelli! Bambinelli! répéta-t-elle.

Et, ouvrant la porte de la chambre, elle se précipita dans l'escalier, tenant toujours son poignard à la main.

Suivant l'usage établi dans ce palais, lorsque le maître amenait par la violence le dénoûment d'un rapt, tous les domestiques s'étaient écartés. Elle ne rencontra personne.

Dans la cour était Bambinelli. Il avait entendu le cri de Marina, et il attendait, le cœur rempli d'angoisse.

Il prit la jeune fille dans ses bras, s'élança dans sa barque et disparut au milieu des canaux.

Quand arrivèrent les gardes du doge pour s'emparer du meurtrier, Bambinelli était déjà loin.

§

Cette même nuit, fuyant vers la terre étrangère, une gondole sortait des Lagunes. Dans cette gondole étaient le vieux Fosco, Fabio son fils, Marina et son fiancé.

Ce dernier, endormant sur son cœur la jeune fille, pâle encore, murmurait doucement le refrain de sa chanson de la place Saint-Marc.

> Là-bas, dans les canaux,
> Le gondolier qui passe,
> Dit : Quel est sur les eaux
> Cet accord qui s'efface?
> Et c'est, par la distance et le vague affaibli,
> Le chant, le chant d'amour du fou Bambinelli.

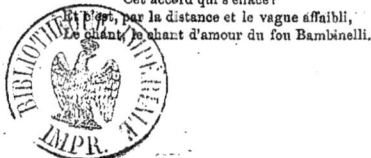

FIN.

Paris. — Impr. Walder, rue Bonaparte, 44.

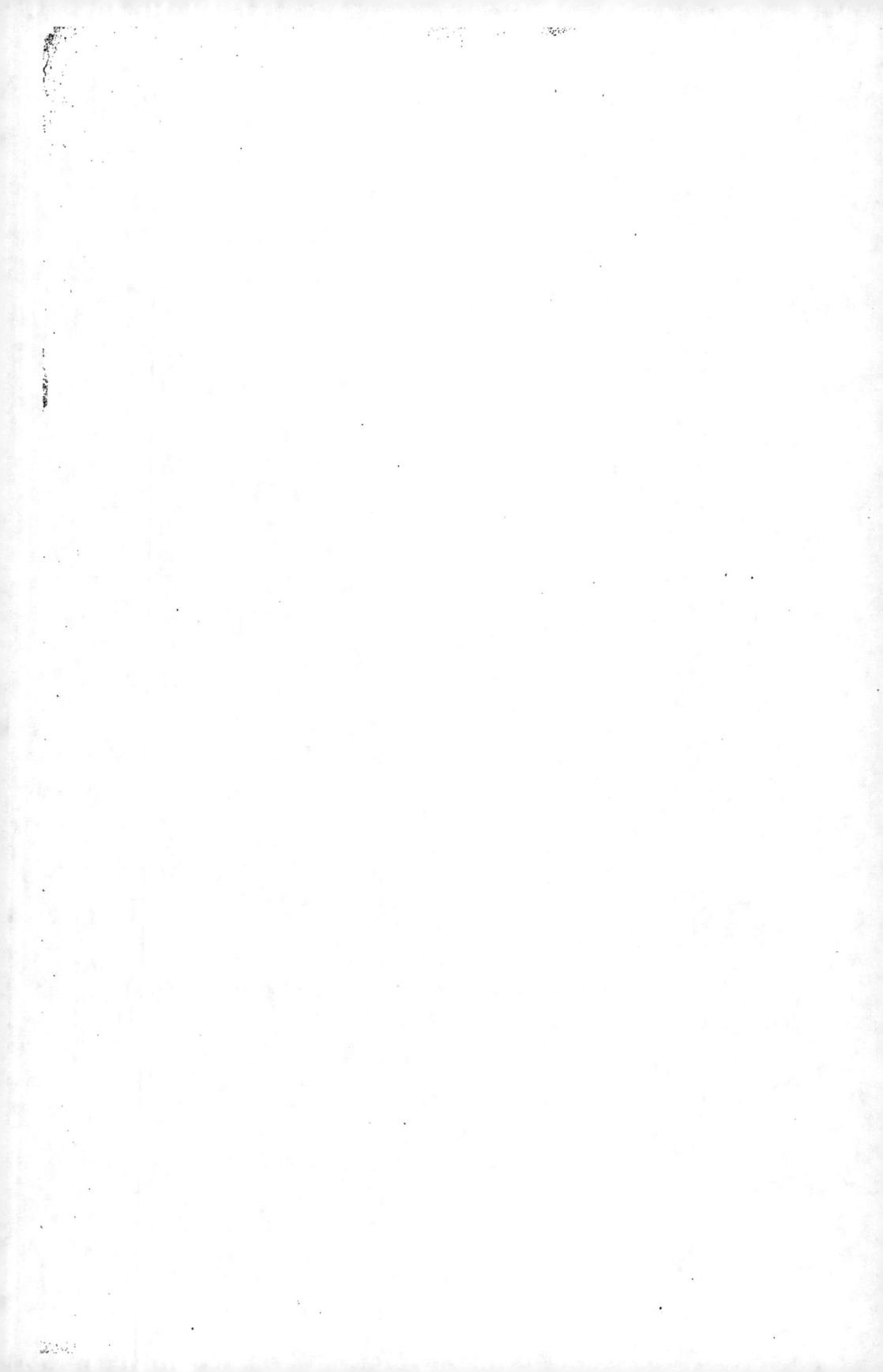

www.ingramcontent.com/pod-product-compliance
Lightning Source LLC
LaVergne TN
LVHW050304090426
835511LV00039B/1429

ÉLOGE

DE

M. RAMEAU,

Par M. CHABANON,

De l'Académie Royale des Inscriptions &
Belles-Lettres.

. . . . Eris mihi magnus Apollo.
Virg. Eglog. III.

A PARIS,

De l'IMPRIMERIE de M. LAMBERT,
rue des Cordeliers.

M. DCC. LXIV.

AVERTISSEMENT.

ON trouvera dans cet Ecrit un emploi de mots , qui pourra paroître extraordinaire à ceux qui ne font pas Muficiens : mais on s'eft crû obligé de parler la Langue propre de l'Art dont on avoit à traiter.